人工智能与人类语言系列丛书

总主编：李佐文

会话含意理解的
认知神经机制

冯望舒　著

外语教学与研究出版社

北京

图书在版编目（CIP）数据

会话含意理解的认知神经机制／冯望舒著． -- 北京 ：外语教学与研究出版社，
2024．8（2025．10 重印）． --（人工智能与人类语言系列丛书／李佐文总主编）．
ISBN 978-7-5213-5656-4

Ⅰ. H0

中国国家版本馆 CIP 数据核字第 202462GY29 号

会话含意理解的认知神经机制

HUIHUA HANYI LIJIE DE RENZHI SHENJING JIZHI

出 版 人　王　芳
项目负责　孔乃卓
责任编辑　程　序
责任校对　闫　璟
封面设计　郭　莹
出版发行　外语教学与研究出版社
社　　址　北京市西三环北路 19 号（100089）
网　　址　https://www.fltrp.com
印　　刷　北京九州迅驰传媒文化有限公司
开　　本　650×980　1/16
印　　张　10.75
字　　数　157 千字
版　　次　2024 年 8 月第 1 版
印　　次　2025 年 10 月第 2 次印刷
书　　号　ISBN 978-7-5213-5656-4
定　　价　59.90 元

如有图书采购需求，图书内容或印刷装订等问题，侵权、盗版书籍等线索，请拨打以下电话或关注官方服务号：
客服电话：400 898 7008
官方服务号：微信搜索并关注公众号"外研社官方服务号"
外研社购书网址：https://fltrp.tmall.com

物料号：356560001

记载人类文明
沟通世界文化
www.fltrp.com

丛书编委会名单

主　任：王定华

副主任：孙有中　顾曰国　李佐文

委　员：（按姓氏笔画）

王立非（北京语言大学）

王穗苹（华南师范大学）

刘　挺（哈尔滨工业大学）

刘红艳（北京外国语大学）

江铭虎（清华大学）

许家金（北京外国语大学）

罗选民（清华大学）

胡加圣（上海外国语大学）

姜　孟（四川外国语大学）

秦　颖（北京外国语大学）

唐锦兰（北京外国语大学）

颊东耀（北京交通大学）

总　序

王定华

　　当今世界正经历百年未有之大变局，国际环境错综复杂，局部冲突持续不断，新冠疫情影响深远，逆全球化思潮有所抬头。全球科技创新也正进入密集活跃时期，新一轮科技革命和产业变革正在重构全球创新版图，重塑全球经济结构，重振全球高等教育形态。

　　作为人类有史以来最具革命性的技术，人工智能近年来正释放出科技发展和进步过程中积蓄的巨大能量，深刻改变着人类生产生活方式和思维方式，对社会发展和人类文明产生重大而深远的影响。人工智能概念提出 60 多年来，全球人工智能发展经历了数次浪潮。今天，计算机运算能力飞速提升，计算成本快速下降，深度学习算法快速进化迭代，互联网、物联网高速发展积累起海量数据，正共同推动人工智能在智能机器人、智能金融、智能医疗、智能安防、智能驾驶、智能搜索、智能教育等方面的发展与突破。未来，人类社会的经济、社会、教育乃至日常生活的方方面面，将呈现出一系列重大变化。人类感知外部世界的能力、传播信息的流量与速度、运算和分析相关数据并进行反馈的能力，都将得到前所未有的提高。人类世界、自然世界、虚拟世界呈现出深度融合的态势，智能技术渗透到经济生产活动，数据成为经济运行的灵魂，生产要素、生产力、生产关系将发生重大改变。当前，世界主要国家都高度重视人工智能发展，我国亦把新一代人工智能作为推动科技跨越发展、产业优化升级、生产力整体跃升的驱动力量。

　　在未来的国际竞争中占据发展先机，需要认清人工智能时代的总体特征，把握人工智能技术应用给生产、生活带来的机遇和挑战，研究新对策、摸索新规律、洞察新趋势。我们要在应用智能技术上着力，全力适应人机共存的教育新形态，探索人工智能时代教育教学新思路、新领域。作为新时代教育现代化发展的核心引领力，人工智能必将极大激发教育在促进人类进步和社会发展中的巨大能量。人类行为和教育活动将受到智能化的重大影响，甚至是颠覆性的影响。

人工智能时代下的高校，将实现校园赋能、家校互相增强、泛在教育环境，将从片面看重智育转向促进全面发展的教育，从以教师为中心转向以学生为中心，积极探索更多人机协同的智能课堂形式。高校要推动人工智能普及，打造智慧型校园，变革高校治理方式，积极探索智能教育的发展战略。开展人工智能教育，既可作为教学内容，又可作为教学手段，更可将人工智能与学科教学、学生发展结合起来。

人工智能时代的教师，应当努力成为学生灵魂的工程师、学生自主学习的引导者、人工智能技术的拥抱者，教师要不断增长本领，善用人工智能，开展差异教学、增强教学、协同教学，提高教学效果，扩展知识疆域，调动学生兴趣，不能对其漠然置之，不屑一顾。教师也要体现主体地位，勇做学校主人，关注学生成长。

人工智能时代的学生，要在原有素养的基础上，重点发展批判性思维能力、学习能力、知识迁移能力。人工智能通过精准评测准确了解学生的学习状态，诊断学习中存在的问题，进而，自适应学习系统可以使每个学习者的学习内容和学习路径随着他的个人特征适时调整以达到最优适配。学生也可以据此选择学习资源、学习方式、学习伙伴，甚至选择教师为其提供辅导、课程资源、支持服务。

技术赋能教育，科技创造未来。随着人工智能迈入认知智能阶段，人工智能与脑科学、认知科学、语言科学等学科之间交叉融合，不仅对外语学科发展和人才培养产生了冲击，同时也带来了新的机遇和挑战。人工智能与人类语言有着密不可分的关系。无论是人类智能还是人工智能，都涉及语言处理的问题。人获取知识的主要媒介是语言，由此形成概念，对世界进行分类概括，进而形成认知。在知识应用阶段，人依然需要用语言来表达思想和概念。语言、认知和思维密不可分。语言生成、理解和学习是人类的智能活动，探究其过程需要借助脑科学、认知科学等领域的研究成果。机器要与人类进行高效交互，就需要理解和生成自然语言，因此自然语言处理被视为人工智能皇冠上的明珠。在整个人工智能革命的大潮中，实现语言智能已经成为当前人工智能走向强人工智能的必由之路。发展语言智能的基础研究与工程应用，是科技创新和人才培养的时代要求，也是语言类高校服务国家战略的一个重要方面。

从互联网到信息化，到云计算、大数据，再到人工智能，我国教育系统始终坚持与时俱进的精神，主动作为，积极迎接和助力信息技术的变革，并将其及时融入教育事业改革发展的进程之中。为贯彻落实国务院《新一代人工智能发展规划》和教育部《高等学校人工智能创新行动计划》，推动教师主动适应智能化变革，积极有效开展教育教学，2018年8月，教育部在北京外国语大学开展人工智能助推教师队伍建设行动试点工作。开展试点工作以来，北外改造智能教育环境，提升教师智能素养，助力教师教学创新，加强教师队伍治理，取得积极进展和明显成效。在试点基础上，为进一步推动人工智能与教育深度融合，攻克语言智能中的关键核心技术，北京外国语大学于2019年12月成立了人工智能与人类语言重点实验室。实验室聚焦国家人工智能与语言教育领域的前沿课题，以"阐释人类智能，驾驭人工智能，解码语言奥秘，成就智慧人生"为宗旨，以"聚焦前沿课题，发挥北外优势，探索崭新机制，服务国家战略"为目标，立足学校外语教学与研究传统优势，着力开展语言学习机理研究、基于人工智能的语言教学研究、多语种语料库、多语自然语言处理和外语健脑强智研究，带动语言类基础学科的理论创新、制度创新和实践创新，推动前沿技术赋能语言研究的突破性进展，努力构建面向每个人、适合每个人、更加开放灵活的教育体系，引领我国外语教育信息化、智能化。同时，实验室探索崭新机制，本着"开放、协同、智能、一流"的建设原则，依托交叉学科智库，围绕国家科教兴国战略，汇聚海内外贤才，力争成为国内乃至世界领先的人工智能助推语言教育的研究高地，并与兄弟院校、相关科技企业共建共享、合作互助。

实验室成立以来，在学校党委的领导下，很快形成了以优秀专家学者为带头人，青年学术骨干为主体的科研队伍，承担了以国家社科重大项目、教育部重大项目、北京市社科重大项目为代表的多项研究课题，产出了一批有原创性、有影响力的研究成果，并于 2021 年 12 月入选首批教育部哲学社会科学实验室。

"人工智能与人类语言系列丛书"即人工智能与人类语言重点实验室成立以来研究团队取得的部分成果。这套丛书围绕人工智能技术与语言研究，汇聚语言学、计算科学、教育学、心理学等学科的多领域前沿成果，涵盖了人工智能与人类语言研究的各个热点领域，包括语言与认知神经发展，多语言自然语言处理、智慧外语教学、外语健脑强智、多语言语料库建设等话题，开展多语种、跨语言、多模态的智能语言处理实践，研究实现人机之间用自然语言进行有效沟通的各种方法和技术，致力于深度语义理解、语言认知机制的计算建模等前沿研究。希望系列丛书能够丰富人工智能与人类语言这一交叉领域的学科知识，帮助正在学习和从事相关领域的读者开阔视野，了解当前发展趋势，进而促进该领域研究的长远发展和深度融合。

是为序。

2022 年 9 月 10 日

（总序作者系北京外国语大学党委书记、教授、博士生导师）

前言

作为一种社会性动物，人类具有极强的交际能力。我们能够谈论并不真实存在的事物和没有具体形象的概念，能够学习和掌握那些与我们自身经验相去甚远的知识或技能，能够不动用武力而使得他人认同我们的观点，甚至改变他们的情绪和行为。这些很大程度上都得益于我们能够使用语言。人类的语言系统足以支持个体非常高效地识别语音或字形，从包含成千上万条目的词库中提取符号对应的意义，按照某种既定的规则对话语的结构进行解析并应用这套规则构建话语。更奇妙的是，这样的过程并不仅止于简单地编码或解码命题内容，还涉及对个体态度、意图和情绪的推测，并且能够结合个体所处的社会文化背景、所积累的交际经验，以及话语使用的临时语言环境对话语内容进行灵活地解读。

这本书基于我的博士学位毕业论文修改而成，希望从神经科学的角度探讨言语交际中会话含意理解的神经基础和认知机制。本书共六个章节。第一章将介绍语言哲学和语用学领域关于会话含意现象的理论背景和学术观点。第二章将回顾和梳理有关话语理解的实证研究，包括以往的研究成果和理论框架，探讨该领域的现有认识和争议。第三章将基于前两个章节的内容提出本书的研究问题和研究框架，并介绍本书所采用的实验技术和数据分析方法。作为主体部分，第四章和第五章将分别介绍我博士期间进行的关于会话含意理解的认知神经机制研究。通过完整描述研究方法、详细分析和讨论研究结果，分别呈现两项研究的逻辑脉络，为读者评估本书研究结论的可靠性和有效性提供信息。第六章将总结全书的主要发现，并结合以往研究，对会话含意理解的认知神经机制进行综合讨论与总结。同时，反思当前研究的局限性，并提出对本领域未来研究的建议。通过对研究结果的深入讨论，希望能够为有关会话含意的进一步研究提供有价值的启示，以期激发更多的学术探索和实践创新。

希望本书所提供的数据和观点为语言学、心理学、神经科学等领域科研工作者、教育工作者和学习者提供有价值的学术资源和参考，也为所有对人类语言能力感兴趣的读者提供有益的见解和启发。同时，也希望本书能够激发读者对语言的认知神经科学的兴趣，促进这一领域研究的进一步开拓与发展。

在完成本书的过程中，我收到了来自各方的宝贵支持和帮助，在此我要向他们表达我最深切的感谢。

首先，我要感谢我的博士导师周晓林教授多年来的悉心指导。他在整个研究过程中给予了我宝贵的支持和建议，他的智慧对本书的研究方向和理论框架有着重要贡献，他的学术思维和科研精神也对我产生了深刻影响。感谢周老师带领我进入了科研领域，给予我充分的空间去探索，训练我成为更加合格的研究者。

我还要感谢于宏波博士、罗颖艺博士和蒋晓鸣博士在科研工作中对我的指点和帮助；感谢詹卫东教授、李素建教授、王亮在本书涉及计算语言学方面的问题上给予的指导和帮助；感谢我博士期间的合作者吴越，和我一同启动和开展会话含意相关的实验研究；感谢张文硕、靳润秋、李帅琪和陆春雷在实验材料编写制作和数据采集方面的帮助。更要感谢周晓林教授实验室的同门，感谢沈波、斐历、小康、志爱、晓雪、捷仔、曦哥、立卉、小白、丽丽、霄骁、Catherine、熊威、夏老师、贺哲文，感谢一起度过这些时光的所有伙伴，感谢亲爱的你们在讨论和交流中提供了许多富有启发性的观点和建议，在我失去力量的时候给了我面对一切的勇气和信念。

我要感谢所有参与本书研究的实验参与者，感谢他们的信任、对实验研究的支持以及在实验过程中表现出的专注和努力。没有他们的参与和贡献，本书的研究将无法完成。感谢李佐文教授、程序编辑，以及其他为本书的出版做出贡献的专业人士，感谢他们在本书出版过程中提供的专业支持和帮助。感谢国家自然科学基金项目（31470976）和中国社会科学基金项目（12&ZD119）的资助。

我必须感谢我的家人，感谢他们给予我很多空间、包容和理解。他们在我整个学术生活中一直给予我无私的支持和鼓励。他们的爱和理解使我能够专注于科研工作，让我能够克服许多的困难和挑战。

最后，谨以此书献给我亲爱的王玉清女士。

作者

2024 年 7 月

目录

本书彩色原图获取方式：

1. 官网下载：登录 heep.fltrp.com/book →注册账号→再次登录→在右上方搜索栏输入书名进行搜索→点击"图书产品"→点击书名→点击"配套资源"→下载图片。

2. 微信查看：扫描下方二维码，在线查看本书彩色原图。

第1章　会话含意的理论观点与争议 [1]

在人类社会中，言语是人们交际所使用的最核心、最普遍的方式（Clark, 1985, 1996; Holtgraves et al., 1989）。我们能够使用有限的语言符号产生无穷无尽的话语，表达丰富多样的概念内容，从形状清晰、颜色鲜明的具体事物，到看不见、摸不着的抽象概念，从复杂多变的行动，到暧昧矛盾的情绪。

更有意思的是，日常言语交际的过程中，对话的参与者们不会总是直来直去地表达自己的感受、意图和态度。说话人往往会在各种交际目的和动机的驱使下故意产生一些听上去有问题或意义不明确的话语，以委婉而谨慎地表达自己的真实想法，这使得某一言语形式具有了层次丰富的意义。为了实现成功的言语交际，听话人不仅仅需要理解话语的字面意义，而且还需要推测说话人隐含而未言明的意思。这些隐含的意义将如何被恰当地解读呢？这一问题不仅引发语言哲学界深刻的思考，也在语言学与其他学科的多个交叉领域引起广泛关注，它既是当前人工智能科学实现真实情境下人机交互和自然语言处理的技术难点（Holtgraves & Han, 2007），同时也是现今心理语言学（Noveck, 2001; Noveck & Reboul, 2008）和认知神经科学（Hagoort & Levinson, 2014; Noveck & Posada, 2003; van Berkum, 2009）亟待解决的热点问题。

1.1　会话含意的定义与类型

20 世纪 60 年代，哲学家和语言学家格赖斯（H. Paul Grice）提出了

1　本章部分内容已发表，见冯望舒，周晓林. 神经科学视角下的会话含意理解 [J]. 当代语言学，2024，26（2）: 259-273.

一个振奋人心的语用理论。格赖斯理论对社会言语交际进行了简洁而综合的描述，这为之后数十年的语用学研究奠定了基础。他的重要贡献在于区分了句子所说（what is said）和话语所含（what is implicated），并且提出了会话含意（conversational implicature）这一概念。

会话含意是指说话人有意暗示但并不明言的话语内容。更准确地说，会话含意是说话人使用话语所有意隐含的内容，它是话语内容的一部分，但是它并不是直接（或外显）的话语内容的组成部分，并且不由所传达的语言字面意义编码。会话含意，作为一种重要的语用现象，是格赖斯语用学（Grice, 1989）及其后理论发展的核心。格赖斯的观点要求对话参与者不仅要从言语层面来理解话语内容，还要从对方对语境的理解以及对方的目的和意图的层面来理解。因此，会话含意这一概念处在有关语义学和语用学分界的争论的中心，这使得它一经提出便备受关注，并且在语言和社会认知的研究中扮演着核心角色。

1.1.1 会话原则与会话含意

格赖斯（Grice, 1975）认为，在言语交际过程中，对话的双方有着共同的目标，至少是有着彼此接受的共同方向。为了达到交际的目的，对话的参与者需要共同遵守一个原则，使得自己产生的话语能够迎合彼此共同的需要。格赖斯将这一原则命名为"合作原则（Cooperative Principle）"。合作原则进一步被划分为四类准则（maxims; Grice, 1975: 45–46），分别是：

1. 量的准则（Maxim of Quantity）是关于提供信息的量：
   （i）根据需要提供具有信息量的内容（出于当前的交际目的）；
   （ii）不说超出所需要的信息量的内容。
2. 质的准则（Maxim of Quality）要求"尝试提供你已知为真的信息"：
   （i）不说你认为是假的内容；
   （ii）不说你缺乏充分证据支持的内容。
3. 关联准则（Maxim of Relevance）要求提供具有关联的内容。
4. 方式准则（Maxim of Manner）要求保持清晰：

（ⅰ）避免晦涩的表达；

（ⅱ）避免含糊不清；

（ⅲ）要简洁明确（避免不必要的赘述）；

（ⅳ）要有条不紊。

如果代入到日常生活中的交际实例，我们将不难发现，上述会话原则及其准则并不是通常意义上的科学定律，而更像是合同义务或法条。也就是说，如果有人打破了会话原则中某一准则的规定，这并不意味着这一准则被当前的"反例"证伪，反而这样的"不遵守"会产生十分有趣的交际后果。格赖斯（Grice, 1975: 49）指出，一个原本合作的说话人可能出于多种不同的原因而不能够同时满足所有准则的要求。其一，说话人可能仅仅不想遵守一个或多个准则。比如，在记者会上公众人物选择不回答或不正面回答犀利的询问。其二，说话人可能遇到两个或多个准则之间无法解决的冲突（CLASH）。比如，说话人可能难以在满足量的原则的同时，满足质的原则，因为她/他可能缺乏充分证据以提供必要的信息量。其三，说话人可能轻视（FLOUT，"公然违反"）一个或多个准则。无论是面临准则间的冲突还是对会话准则的轻视都与会话含意密切相关，会话含意也恰恰是来源于（1）对这些准则的轻视，（2）在准则之间发生冲突时的顾此失彼，以及（3）引用准则作为解读话语的基础。比如，一个说话人在回答"你喜欢这位客座讲师的讲座吗？"的问题时，说"嗯，我确定他刚刚在讲中文"。这一行为明显轻视了会话准则中的量的准则，因为关于这位讲师演讲时所使用的语种这一信息并不足以构成"是否喜欢这一讲座"的充分信息，而说话人在听过这一讲座后显然应该掌握了回答这一问题所需要提供的信息。因此，说话人必定不情愿正面回答这一问题，进而可推知其话语中隐含的意义，诸如"我不喜欢这位讲师的讲座"。不难看出，在格赖斯理论框架下，会话原则及其准则不仅构成了说话人在日常言语交际中产生具有会话含意的话语的内在驱动力，也是听话人能够正确理解会话含意的重要依据。

当然，以上所列举的这些会话准则并不是制约我们产生和理解话语意义的唯一"压力来源"，比如：迎合审美的需要、符合社会道德的规范等等（Grice, 1975: 47）。比如，Davis（2010）提出了"风格（style）"准则，即说话人产生的话语要符合说话人的身份特征和所处的时代背景，要优美、独特、令人愉悦和感兴趣。这种"风格"需要所带来的压力可能导致说话人违反方式准则乃至其他准则，比如，喜剧演员通过调整表达的方式或叙事的顺序来加强幽默的效果，特定人群通过使用晦涩的俚语来帮助构建特定的社会身份。另一个重要的准则是"礼貌（be polite）"（Brown & Levinson, 1978, 1987; Lakoff, 1977），事实上"礼貌"在日常生活中会给说话人造成非常强大的压力。说话人在很多情况下会优先考虑"礼貌"或者说"面子（face）"的需求。在冲突出现的时候，"礼貌"可能会战胜其他所有的会话准则，使得说话人为了满足这一准则要求而违背其他的准则。这一准则在汉文化交际中体现得尤为突出，说话人在日常交际中往往会使用很多的委婉间接、晦涩曲折、模糊不清，甚至不尽不实的表达（不遵守包括量的准则在内的其他会话准则的现象），这都是出于对"礼貌"准则的服从。

此外，格赖斯还指出会话含意应具备一些特征，这些特征可用于识别会话含意（Grice, 1975, 1989; Huang, 2015）。首先，会话含意具有可取消性（Cancelability）或可废止性（Defeasibility），即会话含意在某些语言或非语言环境中可能会被外显地取消。其次，会话含意具有不可拆分性（Non-detachability），即对于来源于量的准则、质的准则和关联准则的会话含意，任何具有相同语义内容的语言表达往往具有相同的会话含意（通过方式准则产生的会话含意可能例外）。第三，会话含意具有可计算性（Calculability），即会话含意可以或多或少地以合作原则及其准则作为前提直接推导出来。第四，会话含意具有非规约性（Non-conventionality），即会话含意不应（仅仅）源自于话语的编码内容（包括词汇和结构的特征），而是在本质上源自于非编码的语用交互信息，这可以被视作可计算性的另一个侧面。第五，会话含意具有可强化性（Re-enforceability），即会话含意可以被外显地表达出来，而含意和外显表达的同时出现不会产生过多的冗余感。第六，会话含意具有不确定性（Indeterminacy），这是指由于会话含意是一个复杂推理过程的结果，在一些情况下会话参与者可能会对会话含意产生怀疑，从而使话语所包含的会话含意有些不确定，甚至是开放式的。事实上，在日常交际中，由于会话参与者并非"全知"，他们对语境信息、说话人知识、说话人对听话人知识的推测等等方面都可能存在疑问，这使得对会话含意的怀疑很大可能会产生，所以会话含意往往是不确定的。

1.1.2　会话含意的类型

根据会话含意与语境之间的依赖关系，它可以被分成两类，分别是需要依赖于特定语境进行解读或理解的特殊会话含意（particularized conversational implicatures，后文简称特殊含意）和相对独立于特定语境的一般会话含意（generalized conversational implicatures，后文简称一般含意；Grice, 1989）。例如（Levinson，1995：92）：

> 语境 1：
> A：What time is it?（现在什么时间了？）
> B：Some of the guests are already leaving.（有的客人已经离开了。）
> 语境 2：
> A：Where's John?（约翰去哪儿了？）
> B：Some of the guests are already leaving.（有的客人已经离开了。）

在以上两个语境中，对话参与者 B 的话语都同时具有特殊和一般两种会话含意。格赖斯指出，如果说话人可以陈述含有更大信息量的命题（"All guests are already leaving"），那么他就会做出这样的陈述；但在上面的例子中，B 使用"some of"这一等级（<some, all>）中的弱项，而非其他更强的等级项（如 all），这使得听话人有理由推测，B 并不持有更强等级所描述的观点，或者至少 B 缺乏该观点成立的证据。因此，在两个语境下，听话人对 B 的话语都能够形成一个相对固化的解读，即"有的"但不是"所有的"客人已经离开了。这层意义属于一般含意，因为听话人不需要了解话语语境的具体特征，仅仅根据"some of"的使用就能够意识到这层意思；这类包含等级弱项的话语同时具有否定等级强项的作用。与一般含意不同，B 的回答在上述两个语境中有不同的特殊含意：在语境（1）中，B 的话语具有"现在已经有些晚了"的含意；而在语境（2）中，它则表达"约翰可能已经离开了"的意思。后者的产生（理解）依赖于话语所处的特定语境，即在不同的语境下，相同话语的特殊含意可能发生改变。

1.2 会话含意的理论观点

格赖斯的理论无疑是具有革命性和启发性的。其后的研究者不仅极为认真地对待格赖斯对于交际行为的洞察，也在他提出的初始框架下不断充实、拓展乃至重新解释，以期能够构筑成更加完整、更加系统、更加自洽的理论体系。

格赖斯的理论旨在揭示含意在原则上如何产生，而其后的语用学研究则试图建立含意实际派生的认知模型。尽管格赖斯之后的语用理论都认为话语信息由说话内容的字面意义和说话人意图（对听话人的语境和特征的假设）共同编码，但是它们对上述两种会话含意（特殊含意与一般含意）的概念区分及其各自的认知机制持有不同的观点。下文将简述其中三种影响力较大的语用学观点，它们争议的焦点恰恰可以通过它们各自对特殊与一般含意关系的阐述来理清。

1.2.1 默认理论

在格赖斯的观点提出后，新格赖斯学派的研究者对格赖斯理论，特别是合作原则及其准则，进行了精简和修正，形成了会话含意两原则（Horn, 1984）或三原则（Levinson, 1995）的理论。他们的理论观点进一步明确了说话人目标（想传递的意义）和听话人目标（理解到的意义）之间的紧密关系。针对含意理解，有研究者提出了默认理论（Default Theory; Levinson, 2000; Chierchia, 2004）。他们认同格赖斯对特殊含意和一般含意的区分，认为二者经由截然不同的语用推理路径产生，强调由特定词汇或句法形式所驱动的意义在含意产生（理解）过程中起到的作用。

作为新格赖斯学派的代表，Levinson（1995, 2000）将话语意义区分成三个不同的层次：句子类型意义（sentence-type meaning）、话语类型意义（utterance-type meaning）和话语示例意义（utterance-token meaning）。其中，句子类型意义类似于格赖斯提出的"句子所言"的概念，而话语示例意义可以等同于说话人意义，是对言语行为的完全解读。话语类型意义则处于二者之间，由话语结构所负载，而不由话语所在的特定语境的性质来决定。

Levinson（2000）认为，一般含意超出了抽象的句子意义，但通常也不足以构成话语在具体语境中的完全解读，它处于中间层次，与话语类型意义相对应，由话语结构、而不是话语所在的特定语境的性质所负载。一般含意是话语的默认解读，由某些特定词汇或语言形式自动触发，经由一个自动的、基于启发式驱动（heuristic driven）的推理过程，在词汇层面（Levinson, 2000）或是句子局部（Chierchia, 2004）产生；只有在特定的句法环境中，在局部建立的一般含意解读才会在全局层次上被推翻，话语的语义解读才会得以通达。例如，等级弱项"有的"会触发推理，从而自发产生"否定较强等级项"（不是所有的）这一默认的等级含意（scalar implicature）解读，而不是"有的且可能是所有的"这一语义解读。只有当等级含意被明确取消时，其语义解释才会得以通达。虽然Chierchia（2004）反对这种发生在词汇层面的推导机制，但是他同样认为等级弱项的解读是一种默认状态。使用等级弱项总是会产生等级含意，除非在特定的句法环境中（例如，否定、疑问形式，以及条件式中的先行句）。

但是，特殊含意的语用推理过程与一般含意截然不同。它属于话语示例意义的层次，其产生不依赖于明确的指定规则，而是依赖于特定的语境假设，这种语境敏感的推理过程由听话人对说话人意图的考量所驱动。

1.2.2 关联理论

同样受到格赖斯理论的启示，Sperber 和 Wilson（1986）对言语交际提出了具有认知取向的新方案——关联理论（Relevance Theory）。该理论认为，人类言语交际行为的唯一原则是关联原则（Principle of Relevance），即任何言语交际行为的出现都包含着一个前提假设，那就是这一交际行为本身与其所在的语境具有关联。不同于格赖斯理论，关联理论反对言语交际的参与者会刻意遵循某个原则的说法，认为人们不可能做出与关联原则相违背的交际行为，因为人类认知的基本方式就是寻求和建立信息间的关联性。从关联理论的角度看，格赖斯对特殊含意和一般含意的区分不具有重要的理论价值，二者均需要在特定语境的情况下产生，其推导过程共享相同的认知机制。

根据关联理论，有三种可能的话语理解阶段或层次：修复不完全的逻辑形式，扩展或补全这些逻辑形式并产生明示（explicature，即话语所说的），而后进一步推导任意含意（implicature，即话语所隐含的内容）。构建明示和推导含意的过程均由关联原则驱动，最终得到当前语境下的最佳解读，该解读能够在语境效果和加工努力之间取得平衡。可能的话语解读由一个仅含消除式规则（elimination rules）的自动发生的演绎机制产生，这一机制会不断地消耗认知努力，从已知内容中提取信息，构建话语解读，直到某一解读突破关联阈限，个体就有理由将其当作说话人有意传达的内容（Sperber & Wilson，1986）。因此，这一推理系统并不指向最佳的解读，它的关键在于使自动进行的推理停在相对理想的位置上。

也就是说，对关联理论而言，不论是把逻辑解读（如"有的"的逻辑解读为"有的且可能是所有的"）还是语用解读（"有的但不是所有的"）当作等级项（"有的"）的默认解读都是不正确的。尽管"有的"这一词条的释义是较弱的逻辑解读，但是包含该词的话语在具体使用中被解释成何种解读完全取决于语境的关联约束。无论哪种解读，只要在当前语境下达到了关联阈限，都可以构成该话语的正确解释。同样，所谓特殊含意的推导也遵循这一模型。

可见，从关联理论的观点来看，格赖斯对于特殊含意与一般含意的区分是没有价值的。一般含意和特殊含意的理解途径都遵循语境关联的原则；这就意味着，同样是进一步推理可能产出的结果，它们将通过相同的择优机制被选出来，且择优的依据是话语所处的语境特征（Carston, 1998）。

1.2.3　语义最小论

语义最小论（Semantic Minimalism）延续了形式语义学的传统，旨在重新考虑格赖斯对句子所言和话语所含的区分，解决如何划清语义内容和语用内容（非语义内容）之间的边界这一问题。该理论立足于人类言语交际中语义和语境的关系，认为句子的语义内容是其全部话语共同的意义内容；也就是说，无论语境为何，句子的语义内容是固定的（Cappelen & Lepore, 2005）。它反对语境无限制地影响话语意义，挑战包括关联理论在内的语义语境主义观点。针对特殊含意和一般含意的区分，语义最小论持有相对调和的观点。它认为，特殊和一般含意的认知过程不同，但并非截然不同，一般含意的认知过程可以被认为是特殊含意认知过程的一种抽象或固化的形式。

语义最小论认为，如果某一解读包含了不由句子的句法成分直接贡献的部分，那么这种解读就属于语用内容（Borg, 2004; Cappelen & Lepore, 2005）。语义内容可以仅通过计算操作来复原，但语用内容则需要依赖于非形式化的溯因推理过程来复原。例如，当说话人将"有的客人已经离开了"作为"现在几点了？"的回答时，听话人第一感觉是"不合理"，因而就会寻求其背后可能的原因。当听话人发现，说话人想委婉或模糊地表达"现在已经很晚了"的意思，那么这句话就可以理解了；听话人有理由相信，说话人想表达的意思正是"现在已经很晚了"。

在语义最小论的理论框架下，特殊含意属于典型的语用内容，它的理解过程完全依赖于对当前特定语境下说话人心理状态的推测，而一般含意则有所不同。一方面，语义最小论认为一般含意属于语用内容。比如，话语"有的客人已经离开了"的一种解读"有的但不是所有的客已经离开了"属于语用范畴,因为此种解释已经超出了仅仅由复原词汇信息及其规则所能得到的内容。另一方面,一般含意往往不能构成话语的完整解读,因为它的推导可以通过听话人以往的言语交际经验得出,而不依赖于获取当前语境下说话人的心理状态(Borg, 2004, 2009)。例如,在理解"有的客人已经离开了"时,听话人只需要知道通常一个人说"有的"就是传达"有的但不是所有的",就能够成功地复原这一话语的一般含意。显然,这个信息仅仅通过综合以往对话交流的经验就能够获得,它不需要听话人对说话人当前的心理状态进行推测。据此,语义最小论认为,特殊和一般含意的理解分别依赖于两个相互关联的语用系统:一个完整而一般化的语用系统负责复原特殊含意;另一个更加局限的、更加语境不敏感(胶囊化)的语用系统负责复原一般含意,该系统可以看作是对完整语用系统的抽象,其中发生的计算过程是基于过去会话交互中有关说话人意图的统计事实而进行的(Borg, 2009: 79)。

1.2.4 小结

尽管上述三种经典的语用学理论都认为理解特殊含意依赖具体的语境特征,但这三种理论对一般含意和特殊含意各自的加工过程以及它们之间的关系持有不同的看法(示意图见图 1.1)。默认理论强调二者之间的差别,认为一般含意独立于语境,进而将一般含意和特殊含意的认知过程完全区隔开来:一般含意的生成涉及默认的、自动的、基于启发式驱动的推理;而特殊含意的生成则涉及一次性的、语境敏感的推理,由特定说话人的意图驱动。与之相反,在关联理论的框架下,特殊含意和一般含意之间的区别基本消失,所有含意都是听话人在关联原则的驱动下对话语进行的进一步解读,而这些含意的理解过程都是建立有效关联与付出加工努力之间的权衡和择优过程。语义最小论保留了特殊含意和一般含意之间的直观分界,认为特殊与一般含意理解同样需要语言模块的参与,但两者分别涉及两个相互关联的推理系统:特殊含意的理解需要基于对说话人意图进行预期的溯因推理,这需要调用一个全局的、一般化的语用系统;而一般含意的理解需要基于统计事实和计算的推理,这需要调用一个更局域的、更加胶囊化的语用系统。

通过总结上述理论观点，我们不难发现，语言学家并不满足于简单描述会话含意这一语言现象，而是将它看做是由个体发出的言语交际行为的部分，并致力于揭示其背后的认知过程。持续存在的争议说明，传统的内省或语料分析无法为语言认知的具体过程提供充分的事实依据。随着心理学和神经科学实验技术的发展，研究者能够直接或间接地观测或影响人脑中的神经活动，这为深入揭示语言的神经生物学基础、还原人类言语交际行为背后的心理和认知机制提供了重要的信息。要深入探究特殊含意和一般含意之间的关系，我们不应该仅仅着眼于考量各个理论对语言现象的解释力，也应该从心理学和神经科学的角度来审视各个理论假设对实验事实的预测力，在更加开阔而全面的视野下对语言的认知模型进行构建、验证和修正。

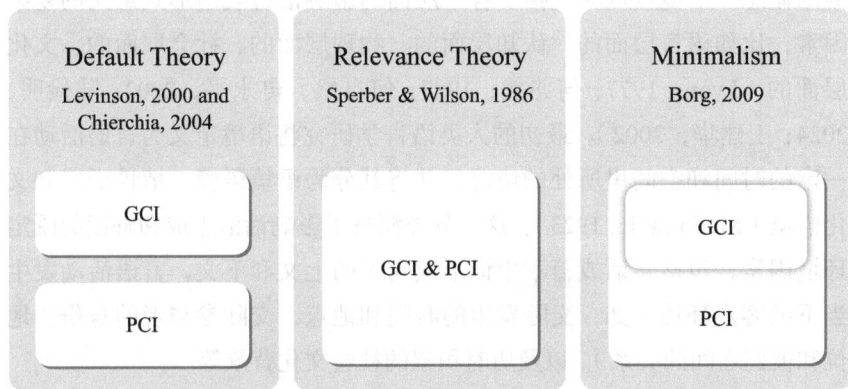

Default Theory	Relevance Theory	Minimalism
Levinson, 2000 and Chierchia, 2004	Sperber & Wilson, 1986	Borg, 2009
GCI PCI	GCI & PCI	GCI PCI

图 1.1 三种语言语用学理论对特殊与一般含意的不同假设的图示。

1.3 会话含意与语境

在言语交际的实践中，仅仅通过解码对话语意义进行恢复往往不能够确定说话人的意思表达，话语意义的解读在很大程度上取决于它所处的语境（Sperber & Wilson, 2002）。话语中可能存在需要解决的歧义和指称矛盾、需要填补的省略、需要识别的含意，以及需要解释的隐喻和反讽等等。这些均需要利用语境信息进行加工。对话的参与者不仅需要认真地听取对方话语的语义内容，而且需要敏锐地洞察语言所处的环境，唯有如此他们才能够自如得体地做出恰当回应。

语用学正可以被认为是研究话语在特定语境中的用意，主要关注语言外的设定或环境特征如何在确定为何一个话语传达某一特定语义内容的过程中发挥作用。据此，语用学也可以狭义地被认为是围绕语言行为的产生和理解如何超越语义规则，或者更广义地被认为是涉及探索两个或更多个体作为一个复杂的交互单元如何实现互动（Clark, 1996）。任何关于语言表达形式与其表达内容之间关系的理论，都不能够忽视它所处语境的作用。会话是一个动态的交互过程，其中语境不仅制约着说话人对话语的组织和构建，而且也制约着听话人对话语的复原和解读。

时至今日，语境作为语用学研究的核心概念，仍然是一个广泛而模糊的概念。语境被认为包括了各个层面的影响语言表达形式意义的复杂因素，比如语言层面的、认知层面的、物理层面的、社会层面的、文化层面的（Lyons, 1977；何兆熊，1987；何自然、冉永平，2002；陆俭明，2024；王建华，2002）。最初的人类语言学研究将语境定义为言语活动在一定的时间和空间里所处的境况，并将其分为语篇语境、情景语境和文化语境（Malinowski, 1923）。这一分类洞见了影响话语生成和解读的既定环境因素，包括会话或篇章中话语或句子的上文和下文，言语活动发生当下的客观环境（如，交际发生的时间和地点，交际参与者的身份、地位和彼此之间的关系），以及历时积累的社会文化背景等。

然而，当研究者试图解释为什么话语具有偏离其语言内容的意义时，他们意识到相比于给定的客观环境因素，话语理解更直接地受到会话参与者的认知环境（cognitive environment）的影响（Sperber & Wilson, 1986；冉永平，2000）。个人的总体认知环境包括了她/他此时此地所意识到的和能够意识到的所有事实和假设。相同的事实和假设可能会出现在几个人的认知环境中。在这种情况下，他们的认知环境是交叉的，其交叉部分就是他们共享的认知环境。在这一理论框架下，语境是一个动态构建的心理组件，也被称为认知语境。一般认为，构成语境的要素是说话人和听话人在某种意义上共享的知识，或者说是说话人认为自己与听话人共享的那些知识。在言语交际的过程中，话语意义的生成与理解涉及到认知语境的动态构建（何兆熊、蒋艳梅，1997）。认知语境既是言语活动作用的对象，又是解释言语活动的相关信息来源（Stalnaker, 1998）。会话参与者从某些共享的信息或假定共享的信息出发，他们所进行的言语活动旨在影响这些信息的集合。如果一个话语的核心是传递信息，它的内容将是一条信息，如果其交际目的达成，那么该信息将成为信息集合的一部分，进而为后续话语提供语境。

　　会话含意需要依赖于语境信息进行复原。一方面，一般含意基于一些笼统的社会"规则"，不涉及话语所处环境的具体情况。比如，当被问及薪资时，一个职员回答"不到 10 万"，那么听话人就有理由认为说话人的月薪应该处在大几万的水平，因为"不到 X"通常意味着"至少接近 X"。然而，一般含意与逻辑推理的情况不同，因为它们可以被与其不一致的陈述所抵消（即含意的可取消性）。例如，在上面的示例中，说话人可以毫不矛盾地添加："……税后三千多"，从而消除了通常源自"不到 X"的含意，并且这一添加的表述也没有造成逻辑上的错误，或者使得前面的话语成为一句谎言。另一方面，从格赖斯对特殊与一般含意的划分上不难看出，听话人对话语中特殊含意的复原依赖于高度语境化的推理。试想，当说话人处在一间闷热的屋子里，她/他说出"好热啊"，就很可能包含着"请打开窗户/空调"之类的间接要求的含意。第一，最明显地，这种含意解读的实现依赖于假设的共同知识语境，即听话人与说话人需要共享关于"开窗户/空调能够减轻人们感觉到的炎热"的知识。其次，这种含意解读需要听话人对双方共享的情景语境的深度体察：对话双方处在关着窗户/空调的房间里。关联理论指出，话语与语境之间的关联是推动会话含意理解的唯一依据。只有话语解读与语境之间的关联超过关联阈限时，该解读才能够被接受。因此，当话语的语境关联降低时，听话人就需要付出更大的努力来理解它所蕴含的会话含意（Carston, 2004; Sperber & Wilson, 1986）。

第 2 章　会话含意理解的实证研究

近二十年来，心理学、神经语言学研究者逐渐开始关注会话含意理解的过程，积累了有关特殊含意和一般含意理解认知神经基础的观测数据。随着包括电生理记录（electrophysiological recording）和功能性磁共振成像（functional magnetic resonance imaging, fMRI）在内的神经科学技术的兴起，研究者能够更加具象地了解在神经层面上信息加工系统如何组织、如何运作，特别是某一特定功能由哪个或哪些结构承担（Kosslyn, 1999）。通过这些实验技术，我们能够观察到进行某一认知过程所需的神经活动的位置、模式和组织方式等物质表现。基于这些物质表现，我们能够形成对于这些复杂而难以直接观察的认知过程的认识，从而回应不同理论观点之间的争议。

2.1　话语语义理解

在人脑中，高级语言加工由一组分布于大脑皮层的区域专门负责（Blank et al., 2014）。百年来，研究者对语言神经生物学基础的认知不断发展。最初源于失语症研究的经典模型认为，人类语言能力位于左侧外侧裂周皮层，并且额叶和颞叶区域之间有着严格的分工。随着神经成像技术的出现和发展，基于大脑的语言研究大幅增加。综合这些研究可以发现，语言加工系统分布于大脑皮层的额叶、颞叶和顶叶区域，包括额下回（inferior frontal gyrus, IFG）、颞上回（superior temporal gyrus, STG），以及颞中回（middle temporal gyrus, MTG）、顶下回（inferior parietal gyrus）和角回（angular gyrus）的部分区域（Binder et al., 1997; Friederici, 2011; Hickok & Poeppel, 2007）。

话语意义理解的关键在于结合语境信息对词语和话语的语义进行提取和整合。越来越多的神经成像研究旨在定位语义加工网络（Binder et al., 2009; Hagoort, 2017）。这些研究一致地发现了左侧额下皮层的激活，尤其是 BA 47 和 BA 45。此外，这些研究还经常发现左侧颞上、颞中和颞下皮层以及左侧顶下皮层在语义 / 语用违反或歧义加工中被激活，同时这些区域的右半球同源物也可能被激活。基于大量的实证研究，研究者提出了多种认知神经模型来解释话语水平的语义理解过程。

第一，三阶段模型（Friederici, 2002, 2011）认为，语言理解过程可以在时间进程上分为三个阶段：第一个阶段是构建初始的局部句法结构，第二个阶段加工语义和句法关系，第三个阶段是句法和语义整合过程。具体而言，第一个阶段发生在刺激输入后 120—200 ms 之内，涉及 STG 前部和左侧 IFG 的岛盖部。第二个阶段发生在刺激输入之后 300—500 ms 之间，包括语义信息加工和句法信息加工两个可以并行的子过程。处理复杂句子结构的句法加工则涉及 STG 和颞上沟（superior temporal sulcus, STS）的后部和额叶皮层中的 BA 44，而语义信息加工涉及 STG/MTG 的中后部（有时延伸至颞叶皮层的前部）和额叶皮层中的 BA 45（和 BA 47）。该模型还认为，语义加工主要发生在颞叶，额叶的激活更多地受到策略性加工或记忆成分的影响，即当策略性的成分下降时，额叶的激活可能减弱。第三个阶段大约从刺激输入后 600 ms 开始，可能发生在 STG/STS 后部和基底神经节。在此阶段，语义和句法信息进行整合，并与世界知识相结合，从而形成最终的话语解读。

第二，MUC（memory, unification, control）模型（Hagoort, 2005, 2013）区分了语言加工的三个核心功能组件：记忆、统合和控制。记忆组件是指在语言习得过程中在新皮质记忆结构中被编码和巩固的语言知识，是语言领域特异的成分。负责这一组件的脑区位于颞叶皮层以及顶叶皮层的角回，分布式地存储着各层面的语言信息，包括词语的语音形式、形态变化信息、词语意义，以及与词类相关的句法模板。统合组件是指以特定方式组合记忆中的元素，推导更高层次（即句子及更高层次）意义的过程。统合发生在句法、语义和语音层面，将词汇水平的单位组合并整合成更大的结构，将语言单位统合为实时构建的话语或解读。位于左侧额叶皮层的 BA 44 和 BA 45 以及邻近的 BA47 是统合组件的关键脑区，负责不同信息类型的统合过程：语义统合由 BA 47 和 BA 45 负责；句法统合主要依赖于 BA 45 和 BA 44；语音统合由 BA 44 和其上方的相邻区域负责。控制组件将语言与连带行为和社会交互相关联，以便选择正确的目标语言、安排对话轮流、关注输入中最相关的信息等等。控制区域涉及背外侧前额叶皮层（dorsolateral prefrontal cortex），以及前扣带皮层（anterior cingulate cortex）和顶叶皮层中与注意相关的部分。这一模型同时考虑了语言加工过程中领域特异性和领域一般性的组件，从而为语言加工提供了更广泛而全面的解释。

第三，BAIS（bilateral activation, integration and selection）模型关注大脑双侧半球在语言理解中的分工（Jung-Beeman, 2005）。它指出，自然语言的语义理解过程包含语义激活、语义选择和语义整合三个相互独立又高度交互的成分。其中每个成分都由两个半球支持，双侧 MTG/STG 后部负责激活语义信息、形成初始的语义表征；双侧 STG/STS 的前部（延伸至 MTG 和颞极）负责语义整合，通过计算多个语义场之间的语义重叠程度来支持信息水平的解读；IFG 负责语义选择，该过程对被激活的相互竞争的概念进行排序，选择其中一个概念并抑制与之竞争的概念。同时，基于大脑双侧半球在结构和功能上存在的诸多不对称性，BAIS 理论认为，双侧大脑在完成语义加工的过程中扮演了不同的角色，左半球负责快速而集中地激活与主导性意义、字面意义或语境相关意义相关的语义特征，同时抑制与非主导性意义或语境无关意义相关的语义特征；右半球保持着更广泛语义领域的、弱而分散的语义激活，包括语义距离较远的语义特征，以及看似与语境无关的特征等。这一理论有助于解释右半球脑区在非字面意义的话语理解中所起到的关键作用。

2.2 一般含意理解

围绕一般含意的理解过程主要有默认和语境驱动两种理论观点，其争议在于含意是默认地生成，还是需要语境准许才能生成；是自动地生成，还是需要加工努力和更多加工时间才能生成。解决争议的关键在于搞清楚一般含意的在线加工代价和语境信息的影响。这正是神经科学方法较之传统语言学方法更为擅长的地方。事实上，研究者采用电生理记录和脑成像手段对此开展了大量研究。

研究者们采用基于句子核正（sentence verification; Bott & Noveck, 2004; Noveck & Posada, 2003）、图片-句子核正（picture-sentence verification; Fekete et al., 2014）和自定步速阅读（self-paced reading; Breheny et al., 2006）范式的行为测量，以及基于视觉世界范式（visual world paradigm）的眼动测量（Huang & Snedeker, 2009, 2011）探究等级含意与字面意义产生的时间关系。在句子核正范式中，研究者要求被试阅读句子——如"有的人有肺脏"或"有的人有宠物"——并判断该句子是真是假。在图片-句子核正范式中，被试需要观看图片，并判断图片与句子是否相符。在自定步速阅读范式中，包含一般含意触发因子的句子逐词呈现在屏幕上，被试根据自己的阅读速度决定是否呈现下一个词，其阅读每个词语的时间被记录下来，用以推断一般含意在线理解的过程。这些研究表明，等级含意的生成并不是自动化的，在时间上，等级弱项（例如"some"）的逻辑解读比语用解读更快地被获得；在认知负荷上，语用解读比逻辑解读更加消耗认知资源（De Neys & Schaeken, 2007）。然而，同样存在与此相反的实验证据，当排除了实验材料中的混淆因素（条件间重复指名现象的不匹配，或填充材料中数量词频次等）后，研究者在自定步速阅读（Hartshorne & Snedeker, 2014）和视觉世界眼动范式（Grodner et al., 2010）中均没有发现语用解读相比于逻辑解读存在的加工延迟。事实上，对于等级含意而言，将逻辑解读与语用解读进行比较本身就不对等，因为对于包含等级弱项（如"有的"）的话语，其逻辑解读只有下限的单边限制（即 $x \geq 1$），而其语用解读则有上限和下限的双重限制（即 $1 \leq x \leq all$），两者的认知复杂度存在天然的差异。Bott 等人（2012）在以往采用句子核正范式的研究的基础上，同时考虑了速度和正确率的权衡问题。结果发现，语用解读在加工时程上并不晚于逻辑解读（Breheny et al., 2013; Degen & Tanenhaus, 2016), 但其理解需要消耗的时间长于逻辑解读。尽管上述研究没有对含意加工的时间进程给出明确解答,但是更多更可靠的证据表明,等级含意的加工机制是灵活的:当听话人认为说话人没有理由提供更多信息时,听话人不太可能进行等级含意理解(Bonnefon et al., 2009), 或者不太可能知道具有更多信息的陈述是正确的(Bergen & Grodner, 2012)。

研究者还采用脑电图(electroencephalography, EEG)的手段探究等级含意的在线加工过程(Hartshorne et al., 2015; Nieuwland et al., 2010; Noveck & Posada, 2003; Politzer-Ahles et al., 2013)。Noveck 和 Posada (2003)让被试阅读以等级数量词(some)开头的句子并判断句子的逻辑对错,句子的类型包括信息不充分句(等级含意违反句 *Some turtles have shells),信息充分句(Some people have brothers),世界知识不正确句(*Some couches have windows)。事件相关电位(event related potential, ERP)分析发现,相比于明显为真或假的句子,信息不充分句在关键词上的 N400 波幅更平缓。考虑到这项 ERP 研究存在的问题,Nieuwland 等人(2010)同样采用了句子核正范式,不仅对实验材料进行了匹配和交叉平衡,而且通过在句尾增加从句,使得关键词处在句子中间。结果显示,对于高语用能力的被试,语用违反的句子(如,Some people have lungs ...)相比于语用合理的句子(如,Some people have pets ...)在关键词(即,lungs 或 pets)上引发了更大波幅的 N400 效应;对于低语用能力的被试,则没有观察到这一效应。这表明,等级项 "some" 所触发的等级含意能够迅速地整合到句子中,并且这一语用加工过程需要消耗语义资源,尽管这一效应在个体间存在相当大的变异。为了直接观测含意加工涉及的 ERP 成分,Hartshorne 等人(2015)引入了一种不具有含意的控制条件,即 "only some"(只有一些),并且创造了两种包含等级项的句型:陈述句(Addison ate [only] *some* of the cookies before breakfast this morning, and *the rest* are on the counter)和条件句(If Addison ate [only] *some* of the cookies before breakfast this morning, then *the rest* are on the counter)。结果发现,在关键词 "some" 呈现时,句型与含意操纵没有产生显著的交互作用效应；而在关键词"the rest"呈现时，则出现了显著交互作用，即相比于陈述句，条件句中的"the rest"呈现时含意引发的晚期持续正成分的效应更大。由此，研究者认为，语境并不会立即影响能够触发含意的等级项的加工，其影响出现在后续的句子成分中，并且这种语境影响依赖于句法结构。一项采用图片–句子核正范式的汉语研究（Politzer-Ahles et al., 2013）比较了语义和语用违反（含意违反）的加工。在该研究中，研究者首先给被试呈现一幅图片，其中描述了所有人物或不是所有人物都在进行指定活动（如，六名女孩中的六名坐在毯子上，或六名女孩中的三名坐在毯子上），然后听到一个包含或不包含等级项（有的）的句子（如，"图片里，有的女孩坐在毯子上晒太阳"，或"图片里，所有的女孩都坐在毯子上晒太阳"）。根据图片与句子的匹配情况和句子类型，形成了语用合理和违反条件，以及语义合理和违反条件。结果发现，语义违反相比于语义合理引发了更大的N400波幅，而语用违反相比于语用合理引发了更强的晚期负成分，并且没有发现两者的交互作用。总的来说，这些关于等级推理的神经电生理研究表明，等级推理的生成需要加工代价，但这种代价相对较小，并且其或多或少地受到语境的调节。

近年来，研究者采用功能磁共振成像和脑磁图（magnetoencephalography, MEG）技术探究等级含意加工相关的神经活动在空间上的分布情况（Shetreet et al., 2014a, b; Zhan et al., 2017）。这些研究均采用图片–句子核正范式，将具有等级含意的语用不适当条件（比如，在画着"所有兔子都拿着钥匙"的卡通图片之后，呈现句子"some rabbits have keys"）、具有等级含意的语用适当条件（比如，在画着"五个兔子中有两个都拿着钥匙"卡通图片之后，呈现句子"some rabbits have keys"）和无含意控制条件（比如，在画着"每个兔子都拿着钥匙"卡通图片之后，呈现句子"all rabbits have keys"）进行比较。实验参与者在看到一幅卡通图片和一个句子后，被要求判断该句子是否与图片相符。Shetreet等人（2014a）发现，相对于无含意控制条件，具有等级含意的语用不适当和语用适当条件共同激活了左侧额下回（inferier frontal gyrus, IFG）。同时，他们进一步发现，相比于语用适当条件，具有等级含意的语用不适当条件还引发了左侧前部额中回（middle frontal gyrus, MFG）和内侧额叶／前扣带皮层（medial frontal gyrus/anterior cingulate cortex, MeFG/ACC）的激活。根据这一结果，研究者推测一般含意的加工不仅涉及语义加工过程（IFG 的激活），还可能与高阶的认知功能（MeFG/ACC 的激活）有关，例如：冲突控制（conflict control）或心理理论（theory of mind, ToM）。然而，有批评（Politzer-Ahles & Gwilliams, 2015）称，该研究中的比较基线与关键条件之间在语义上并不匹配，并建议最好通过比较基于含意的"不是所有"（not all）解读与不基于含意的"不是所有"解读之间的差异来研究一般含意生成的加工过程（本书研究考虑到了这一问题）。基于此问题，Zhan 等人（2017）采用相同的实验范式进行了一个 fMRI 实验，通过比较"有的"（其"不是所有"的解读基于含意）和"少数"（其"不是所有"的解读基于字面意义）探究含意加工和语义加工的异同。结果发现，含意与语义违反均激活了双侧腹侧 IFG，而含意违反还单独激活了左侧背侧 IFG 和基底神经节（basal ganglia）。这些发现表明，基于含意加工和语义加工的冲突解决涉及不同的神经机制，并且背侧前额叶／基底神经节通路对含意违反做出贡献，这可能反映了解决图片与句子之间的失配需要调用语义统合（semantic unification）之外的执行功能（executive function）。

综合上述研究，一般含意的生成受到语境的影响，并且含意违反与语义违反涉及不同认知加工机制和神经基础。然而，已有研究对一般含意的神经基础尚没有一致的结论，尽管 MFG、MeFC 和基底神经节都可能参与了一般含意的理解过程，但唯一能够在实验间相互印证的发现是，语义加工的核心脑区 IFG 参与了一般含意生成。从一般含意理解的加工性质上看，这些研究结果显然与默认理论的观点不符，即一般含意理解并非语境独立的默认加工，这在一定程度上支持了关联理论和语义最小论的观点。从一般含意理解的神经基础上看，现有研究并没有发现一致的与所谓"推理"过程相关的脑区或神经相关物（仅 Shetreet et al., 2014a 中的含意违反条件引发了内侧前额皮层的激活），这一点似乎并没有支持语义最小论的观点，即一般含意的生成需要基于统计事实的推理。

尽管以往研究对一般含意加工进行了多角度的探究，但是这些研究并不能揭示自然而完整的一般含意加工的认知神经过程。首先，在有限的几项研究中，绝大多数研究通过比较含意违反条件和含意合理条件探究含意违反加工的神经相关物，这与一般含意生成的过程并不能等同。更重要的是，无论是采用句子核正范式，还是图片–句子核正范式，实验材料中都充满了一般含意与其所处语境（情景语境或文化语境）相冲突的情况，这样的实验操纵创造了一个与日常交际经验不同的临时语境，很可能破坏一般含意的生成过程，而这一过程恰恰对语境敏感。根据语义最小论的观点（Borg, 2009），一般含意的复原十分依赖于以往交际经验中积累的关于说话人意图的统计事实。因此，违反材料的高频出现可能在一定程度上改变了个体在当前情境下对这一统计事实的认同和判断，从而可能造成一般含意的生成与否或生成过程的异常。正是由于上述两点，我们很难从以往的研究中推知一般含意理解的神经基础，这也是我们开展本研究的一个动机。

2.3 特殊含意理解

特殊会话含意相关的神经影像学研究主要关注人们对幽默（Bartolo et al., 2006; Chan et al., 2013; Dai et al., 2017; Nakamura et al., 2017; Shibata et al., 2014）、讽刺（Eviatar & Just, 2006; Rapp et al., 2010; Shamay-Tsoory et al., 2005; Shibata et al., 2010; Spotorno et al., 2012; Uchiyama et al., 2006; Wakusawa et al., 2007; Wang et al., 2006）、间接要求（van Ackeren et al., 2012, 2016）和间接回答（Bašnáková et al., 2014, 2015; Feng et al., 2017; Jang et al., 2013; Shibata et al., 2011）等语言现象的理解过程。与一般含意相关的研究不同，特殊含意相关的研究大都关注具有特殊含意的话语与不具有特殊含意的话语之间的比较，并以此揭示特殊含意理解的认知神经机制。

综合以往的研究结果，语用推理的神经相关物可以分为两类：核心语言网络和语言外大脑区域（Hagoort, 2013, 2017; Hagoort & Levinson,

2014）。首先，负责语义加工的核心语言网络参与理解说话人话语的特殊含意（语用推理）的过程。理解具有特殊含意的话语涉及左半球和右半球的语言区（Rapp et al., 2004, 2007, 2012）；特别是右半球的语言区主要对言语理解中话语和语境之间的连贯性敏感（Kuperberg et al., 2006; Menenti et al., 2009; Nieuwland, 2012）。语言皮层更强的激活（例如，双侧额下回）反映了听话人填补言语表达的字面意义与其语境之间的语义鸿沟所需要的额外努力（Ferstl & von Cramon, 2001; Siebörger et al., 2007; Uchiyama et al., 2012）。根据关联理论，为了达到这一目的，听话人必须整合文本及其派生的信息，以便在交际过程中建立最佳关联（Sperber & Wilson, 1986）。而这一过程可能需要广泛相关的语义激活、选择和整合。其次，核心语言网络以外的大脑区域也与特殊含意理解有关（Bohrn et al., 2012; Ferstl et al., 2008; Rapp et al., 2012）。其中，最为一致的发现是，相比于字面意义解读，需要语用推理的特殊含意解读涉及心理理论相关的脑网络的激活（如 Bašnáková et al., 2014; Egorova et al., 2014; van Ackeren et al., 2012; Feng et al., 2017）。心理理论这一术语最初是指推断其他个体代表性的心理状态，比如信念和意图。心理理论网络通常被认为与推测他人的心理状态有关（Koster-Hale & Saxe, 2013; Mar, 2011; Premack & Woodruff, 1978），一般来说，包括双侧颞顶联合区（temporo-parietal junction, TPJ）、内侧前额皮层（medial prefrontal cortex, mPFC）和楔前叶（precuneus, PreC）。

以往的神经影像学研究通过比较间接言语和直接言语揭示了特殊含意加工的神经基础（Bašnáková et al., 2014, 2015; Feng et al., 2017; Shibata et al., 2011; van Ackeren et al., 2012; van Ackeren et al., 2016）。相比于有着明显情绪指向和独特社会功能的幽默和讽刺现象，间接言语行为，因其更少的感情色彩和更普遍的交际功能，成为探究特殊含意加工过程的更加纯粹的研究对象。一项关于间接要求的功能磁共振成像研究（van Ackeren et al., 2012）中，研究者给被试呈现了一个与视觉情景图片配对的听觉句子。关键条件下的图片句子组合使得被试有理由将句子理解为一个间接请求，而控制条件下的句子只能被解释为简单的陈述。这项研究发现，相对于理解控制句时，在理解间接要求时，皮层运动系统和心理理论网络被激活。另外一组研究则采用了对话理解范式，使用自然对话作为实验材料，通过比较间接回答与直接回答之间差异探究特殊含意的理解过程。结果表明，相比于直接回答，需要特殊含意生成的间接回答理解过程更多地激活了 IFG、MTG、TPJ、mPFC 和 PreC（其中Bašnáková et al., 2014 和 Feng et al., 2017 报告了 TPJ 的激活，Shibata et al., 2011 和 Feng et al., 2017 报告了 PreC 的激活）等区域。Bašnáková 等人（2014）进一步探究了不同交际目的的影响。研究比较了仅是出于提供信息的交际目的而使用的间接回答和具有保护面子（face-saving）作用的间接回答。结果发现，相比于仅出于提供信息目的的间接回答，理解出于保护面子目的的间接回答引发了右侧 IFG、右侧前脑岛（anterior insula）、ACC 和右侧颞上回（superior temporal gyrus, STG）更强的活动。

Jang 等人（2013）进一步操纵话语与语境之间的关联程度，并试图考察其对特殊含意理解的微妙影响。这项研究的实验材料为没有背景故事的对话文本，并对每一个是否问句（yes-no question）设置了直接、中度间接和高度间接三种回答条件。例如，对于一个是否问句，"医生 / 老师 / 教授现在在他的办公室吗？"（Is the doctor/teacher/professor in his office now?），三种类型的答案分别是：（1）"医生现在在他的办公室"（The doctor is in his office now；直接回答）；（2）"老师的车子停在办公室外面"（The teacher's car is outside the office；中度间接回答）；和（3）"在办公室外没有黑色的车子"（No black car is outside the office；高度间接回答）。要求被试阅读对话并判断针对问题的回答是意味着"是"还是"否"。脑成像结果显示，相比于直接回答条件，在中度和高度间接回答条件下，左侧的颞叶前部（anterior temporal lobe, ATL）、角回（angular gyrus）和MTG 后部表现出更强的激活。此外，理解高度间接回答比中度间接回答还涉及了左侧 IFG、左侧 mPFC、左侧后扣带皮层（posterior cingulate cortex）和右侧 ATL 的激活。然而，这项研究存在两方面的问题。首先，该研究没有控制三个条件之间的字面语言表达。因此，三个条件之间的差异可能是由不同的句法、语义或较低水平的语用信息（例如，代词的指代）引发的，而不是单纯由特殊含意的产生所引发。其次，研究者没有匹配间接回答的社会动机（social motives）。例如，该研究中的一个示例材料，对于问题"今天是节假日吗？（Is today holiday?）"的一个肯定回答是"街上空荡荡的（The street is empty）"。由于对话缺乏恰当的语境支持，被试作为听取对话的第三方，很可能在揣测并合理化说话人使用间接回答的动机时遇到困难。因此，尽管研究者声称他们在实验中操纵了语境关联，但事实上不同语境关联条件间的差异在于可能涉及了很多混淆的加工过程，如：句法加工、语义加工、较低水平的语用加工（如指代等）和社会动机推测等。

利用心理生理相交互（psychophysiological interaction, PPI）分析，Spotorno 及其同事发现，与字面意义相比，理解讽刺意义使得 mPFC（作为心理理论网络的代表性脑区）与双侧 IFG 之间功能连接增强（Spotorno et al., 2012）。使用动态因果模型（dynamic causal modelling, DCM）的研究为这种功能连接关系提供了方向性证据，结果指出 mPFC 在理解间接言语时接收来自左侧 IFG 的输入（van Ackeren et al., 2016）。Tettamanti 等人（2017）的研究将动态因果模型扩展到更多的种子脑区（双侧 IFG、双侧 TPJ、mPFC 和 PreC），结果发现左侧 IFG 是言语通道信息进入 ToM 网络的入口，而右侧 IFG 则是非言语通道信息进入 ToM 网络的入口。这些研究表明，特殊含意的理解需要语言相关脑区和心理理论相关脑区之间的协同工作。

第 3 章　研究问题与方法

3.1　研究问题的提出

　　前文梳理了关于会话含意的理论和实证研究。如前所述，会话含意作为一种典型的语用现象，其认知和神经机制是当前认知语言学和神经语言学研究领域中越来越受到关注的重要课题。

　　通过对以往理论的梳理，我们发现三种主流的语言语用学理论（默认理论、关联理论和语义最小论）对会话含意认知过程的描写存在争议，并且其争议的一个核心矛盾点就在于特殊与一般含意的异同。其次，尽管目前认知神经科学领域对于含意理解进行了一定的研究，但是这些研究对于充分揭示特殊与一般含意理解各自的认知神经机制以及二者之间的异同仍不充分。同时，这些研究成果与现有的主流语言语用学理论之间缺乏明确的对应关系。因此，本研究希望从语言语用学方面的理论争议入手，通过认知神经科学的研究手段，帮助我们更加深入地探究特殊会话含意的认知神经机制。另一方面，通过本书第 2 章对以往研究的梳理，不难发现，关于会话含意神经基础的研究大都借助例举以往文献的方式对脑区激活对应的认知过程进行反向推理（reverse inference），这种方式完全依赖于研究者对于当前研究现状不完整甚至有偏差的认知，因此是不严谨的（Aguirre, 2003; Poldrack, 2006, 2011）。考虑到这一点，尽管这些研究在宏观上具有一定的一致性，我们依然认为需要通过更加严谨的分析手段为特殊含意理解所涉及的认知过程提供更加充分的解释。

　　首先，以往研究已经分别对特殊与一般含意的认知和神经机制进行了初步探究，并且两者在神经层面似乎存在一定的相似性，例如：两者的加工都一致地激活了 IFG 脑区。但正如我们在第 2 章中所述，特殊与一般含意相关的神经成像学研究在实验范式和实验材料上都有很大差别，不具有可比性，因此，通过梳理文献对这两种含意类型的理解机制进行直接比较十分不谨慎。因此，针对默认理论、关联理论和语义最小论的争议，我们要解决的第一个问题就是，特殊会话含意与一般会话含意在神经基础和神经表征上的异同，以及关键脑区的活动如何因果性地影响个体理解会话含意的过程。

其次，从原始定义上来看，语境因素正是特殊含意特殊性的来源，并且以往理论也指出，其在特殊含意理解过程中起到至关重要的作用。然而，关于特殊含意理解中语境信息加工的研究较少（例如，Jang et al., 2013 操纵了话语语境关联程度；Bašnáková et al., 2014 操纵了说话人的社会动机）。并且，以往的研究对于语境的操纵不够严谨，往往涉及多个类型语境信息的共变。因此，在本书中，我们希望通过对语境信息更加精细而严谨地操纵探究涉及特殊含意的各个脑区如何加工不同层次的语境信息。

第三，在语言语用学理论上，另一个重要问题是（Hagoort & Levinson, 2014），语用推理在多大程度上自动地并以默认形式发生（Levinson, 2000），或者是受到加工努力或加工时间的限制（Sperber & Wilson, 1995; Noveck & Reboul, 2008）。以往关于这一问题的研究往往将语用推理看做一个不可分割的整体。然而，根据以往文献和本书研究一的发现，语用推理过程事实上由几个认知成分构成。因此，在本书中，我们还希望更加精细地考察哪些认知成分的发生在何种程度上更加自动化，而哪些认知成分的发生更加需要刻意地消耗加工努力和时间。

3.2 研究内容

本书将针对以上问题，系统地考察会话含意理解的认知神经机制（图 3.1）。在研究一中，我们将从神经科学的角度考察特殊会话含意的理解相比于一般会话含意是否具有认知上的特殊性，具有怎样的特殊性，并且考察具体脑区活动的因果性作用。为了回答这些问题，我们首先在同一实验中采用对话理解范式与功能磁共振成像（fMRI）技术结合，通过单变量分析和多变量模式分析（multivariate pattern analysis, MVPA）的方法探讨特殊与一般含意的理解是否具有相同或不同的神经基础（实验一）。进一步，将该实验范式与高精度经颅直流电刺激（high definition transcranial direct current stimulation, HD-tDCS）技术结合，探讨关键脑区对个体理解特殊与一般会话含意的因果性作用（实验二 A 和 B）。在研究二中，我们将重点回答特殊会话含意理解中语境信息如何加工（实验三），以及实现这一过程的神经基础（实验四）。我们希望通过以上一系列研究，进一步加深和扩展我们对特殊会话含意理解的认知神经机制的了解。

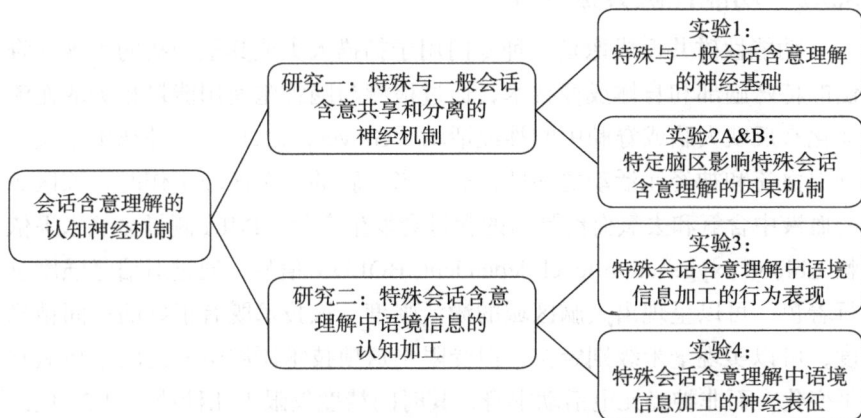

```
                                          ┌──────────────────┐
                                          │    实验1:         │
                         ┌──────────────┐ │ 特殊与一般会话含意理解 │
                         │ 研究一: 特殊与一般会话 │ │   的神经基础       │
                         │ 含意共享和分离的 │ └──────────────────┘
                         │   神经机制     │ ┌──────────────────┐
                         └──────────────┘ │   实验2A&B:       │
  ┌──────────────┐                        │ 特定脑区影响特殊会话 │
  │ 会话含意理解的 │                        │ 含意理解的因果机制 │
  │ 认知神经机制  │                        └──────────────────┘
  └──────────────┘                        ┌──────────────────┐
                         ┌──────────────┐ │   实验3:          │
                         │ 研究二: 特殊会话含意 │ │ 特殊会话含意理解中语境 │
                         │ 理解中语境信息的 │ │ 信息加工的行为表现 │
                         │   认知加工     │ └──────────────────┘
                         └──────────────┘ ┌──────────────────┐
                                          │   实验4:          │
                                          │ 特殊会话含意理解中语境 │
                                          │ 信息加工的神经表征 │
                                          └──────────────────┘
```

图 3.1　本书的研究框架。

3.3　研究方法

　　在语言理论层面持续存在的争议说明，传统的内省或语料分析无法为语言认知的具体过程提供充分的事实依据。随着心理学和神经科学实验技术的发展，研究者能够直接或间接地观测或影响人的行为和人脑中的神经活动，这为深入揭示语言的神经生物学基础、还原人类言语交际行为背后的心理和认知机制提供了重要的信息。因此，本书采用实验方法，结合行为学测量、神经成像技术和神经调控技术，探究会话含意理解的认知神经机制。以下将简要介绍本书所采用的实验技术。

3.3.1　行为测量

在认知心理学中，最常见的研究方法之一是测量对计算机上呈现的刺激的反应，从而获得内部过程的外部测量。这种行为测量的两个主要变量是正确率（accuracy）和反应时（reaction time）。在典型的认知实验中，实验参与者会看到不同条件的刺激呈现，并通过按键对该刺激做出反应。研究者通过比较正确率和反应时在条件间的差异，推测无法直接观测到的认知过程。

3.3.2　功能性磁共振成像

功能性磁共振成像是一种专门用于扫描人类或其他动物的大脑和脊髓的特殊脑部和身体成像技术，通过检测与脑细胞使用能量相关的血流变化来反映大脑或脊髓中的神经活动（Glover，2011）。这种技术依赖于脑部血流和神经元活动之间的耦合。当大脑的某个区域工作时，该区域的血液中含氧和去氧血红蛋白的含量会发生变化。fMRI 测量血氧水平依赖（blood oxygenation level dependent, BOLD）信号，通过对信号强度进行着色，可以呈现出大脑区域的激活强度。该技术既有很好的空间精确度，可以实现毫米级别定位，但受限于这项技术所测量的是脑中血氧水平变化，而非神经元电活动本身，其时间精度仅限于几秒钟。自 20 世纪 90 年代初以来，fMRI 已成为脑成像的主流方法，因为它不涉及注射、手术、物质吸入或放射性物质暴露。

fMRI 的结果可以帮助我们从几个方面了解认知过程（Mather et al., 2013）：1）揭示哪些功能可以定位到特定大脑区域；2）将 fMRI 数据作为特定心理过程的神经标记，深入了解有哪些过程参与到了不同实验任务；3）解答大脑每个区域表征什么信息；4）解答两个任务是否涉及共同或不同的加工机制，这可以为解决有关任务性质的理论问题提供重要的证据。然而，fMRI 的信号与行为表现或心理过程之间为相关关系，这项技术无法提供关于特定大脑区域在特定任务中的因果作用的证据。因此，需要引入其他方法来解答因果关系的问题，例如：经颅磁刺激、经颅直流电刺激（tDCS），以及对脑损伤患者的研究。

3.3.3　高精度经颅直流电刺激

经颅直流电刺激（tDCS）是一种非侵入性的调节皮层兴奋性的方法。tDCS 方法通过将不同极性的电极连接到皮肤上，在头皮表面施加微弱的直流电，改变皮层神经元的静息电位（Nitsche & Paulus, 2001）。tDCS 方法使用阴极和阳极来创建电场。研究发现，阳极刺激通过使神经元细胞膜去极化来增加皮层神经元的自发放电率和兴奋性，使得局部皮层的神经活动增加、敏感度增加；而阴极刺激会使膜超极化，从而导致神经元的放电率和兴奋性降低，使得局部皮层的神经活动降低、敏感度降低（Stagg & Nitsche, 2011）。也就是说，tDCS 方法能够对皮层的神经活动进行双向调节，这使得它成为研究认知活动的神经基础的一项有效工具。

传统的 tDCS 通常设置阴极和阳极两个橡胶电极（电极尺寸一般为 5cm×5cm 或 5cm×7cm），输入电流从连接到目标区域的一个电极流向连接到不同区域的返回电极。这种设置可能会导致电极覆盖的较大区域以及两个电极之间的无关区域也受到刺激影响。因此，在将传统 tDCS 作为实验操纵时，研究者往往难以将两个电极之一锁定为刺激效应的单一来源。为解决这一问题，一种新的电极排布方式被引入，使得刺激能够更加精确地施加到目标位置。高精度 tDCS（HD-tDCS）采用多个较小的电极来创建电场，将一组阴极（或阳极）围绕着单个阳极（或阴极）排列在一起，使得电流经过大脑的特定区域，但不会使过多的电流经过阴极（或阳极）附近的区域，从而以更高的精度施加刺激。最常见的电极排布方式是"4×1 环形"，这种电极排布使得精确瞄准大脑特定部位成为可能。

tDCS 方法被证实具有安全性（Poreisz et al., 2007）。研究表明，达到 2 mA 的刺激强度和约 20 分钟的刺激持续时间是安全的（Iyer et al., 2005）。目前已观察到的不良反应很轻微，包括电极下方的轻微瘙痒或假刺激和真刺激期间的轻微头痛，并且真刺激与伪刺激相比没有导致更高频次的不良反应（头痛、瘙痒）出现（Gbadeyan et al., 2016）。

第 4 章　特殊和一般会话含意理解共享和分离的神经机制 [1]

4.1　引言

在本章中，我们主要从神经科学的角度考察两种会话含意之间的关系，特别是，特殊会话含意和一般会话含意理解共享和分离的神经机制，并且考察具体脑区活动在含意理解过程中的因果性作用。

虽然前人研究已经分别对特殊含意和一般含意加工的神经基础进行了探究，并取得了显著的成果，但是这些研究至少存在三点不足，使我们仍然缺乏直接证据来验证一般含意和特殊含意加工之间的关系。第一，以往的研究仅单独涉及某一类型的会话含意理解。由于实验设计、材料、任务等因素在实验间存在很大差异，我们难以直观地将特殊和一般含意理解过程进行比较。为了探究二者之间的关系，我们有必要将两种类型的会话含意理解过程在同一实验中进行对比。第二，以往关于一般含意的研究主要关注语境与一般含意相悖的情况。图片−句子核正范式提供了一个临时的话语语境，其中话语产生的一般含意与其对应的图片不一致（在不匹配条件下）。由于会话含意可能会被语言或语言外线索所取消（Eckardt, 2007; Grice, 1975），我们很难知道该范式所揭示的认知神经机制在多大程度上真正反映了在真实的对话中一般含意理解背后的认知系统。为了更加自然而准确地测量个体对一般含意理解的完整过程，我们有必要在没有语用违反的实验情境下将基于一般含意的解读与不基于一般含意的相同解读进行比较。第三，之前有关会话含意的神经影像学

1　本章内容已发表，见 Feng, W., Yu, H., & Zhou, X. (2021). Understanding particularized and generalized conversational implicatures: Is theory-of-mind necessary? *Brain and Language*, 212, 104878.

研究主要使用单变量分析的方法，并显示一般含意和特殊含意加工共同激活 IFG 和 mPFC 区域。然而，这种重叠的脑区激活并不一定意味着共享的神经表征和认知过程。为了更好地推定特殊和一般含意理解中可能涉及的认知过程，我们有必要引入更前沿的数据分析手段（Poldrack, 2011）。第四，神经影像学的方法仅能提供会话含意理解过程与神经活动之间的相关证据，我们还需要因果性证据来更好地揭示特定神经活动在会话含意理解中的必要性。基于以上几点，一般含意和特殊含意的理解在多大程度上共享相同的神经认知过程仍然是一个悬而未决的问题。

在本研究中，我们的目标是通过在同一实验中比较这两种类型的会话含意来识别特殊含意和一般含意理解背后共享和分离的神经认知过程，特别是，探究心理理论加工对于解释特殊含意和一般含意是否是必要的。为了解决以上问题，我们分别采用神经成像和神经调控的方法，通过两个实验深入探究特殊与一般含意理解的神经机制。

在实验中，我们采用了一个听觉对话理解范式，选用无含意回答作为基线条件，在同一实验中对比了特殊与一般含意的理解过程。在听觉理解任务中，我们编制了若干单轮日常对话场景作为实验材料。每个对话材料包含背景介绍、简单疑问句和答句三个部分。对于关键条件，答句间接且明确地回答了前面的是否问句；在特殊含意（PI）条件中，理解答句的话语意义需要关于特定语境的知识，而在一般含意（GI）条件中，理解答句的话语意义不需要关于特定语境的知识（见表 4.1）。为了尽可能减小无关因素的影响，我们分别为上述两个间接回答条件创造了对应的控制条件，即无含意条件（PIC 和 GIC）。其中，与间接回答基本相同的句子直接并且明确地回答了其前面的问题。因此，特殊含意条件与其对应的控制条件之间的差异反映了特殊含意理解的加工过程，而一般含意条件与其对应的控制条件之间的差异反映了一般含意理解的加工过程。鉴于有意识地解释说话者的话语意义是产生会话含意的先决条件（Bach, 2006），我们要求实验参与者对回复话语想要传达的内容做出判断。也就是说，实验参与者需要听取对话材料，并且对说话人使用该答句所要表达的真实意义进行判断。因为所有问句都是简单的是否问句，并且每个答句都明确给出了是否回答，所以被试只需要判断说话人的话语是等同于"是"还是"否"。此外，这些实验参与者还需完成一个错误信念任务。我们选择错误信念任务来测量个体的心理理论（ToM）加工过程，因为它不仅是反映儿童心理理论发展的最为经典的实验任务，也是揭示心理理论加工神经相关物的最常采用的任务之一。

在脑成像（fMRI）实验（实验一）的数据分析时，我们将单变量分析、多变量模式分析、元分析数据库和神经解码相结合，识别与特殊和一般含意加工相关的大脑区域和神经表征，为建立神经成像数据到特定认知过程之间的联系提供更有力的证据（Poldrack, 2011）。具体来说，我们将训练特殊含意、一般含意和心理理论加工的分类器，以检查这三种认知过程在多大程度上共享彼此的神经表示。在脑刺激（HD-tDCS）实验（实验二）中，为了进一步探讨具体脑区在特殊含意理解中的因果性作用，我们采用高精度经颅直流电刺激，通过施加不同类型电刺激分别激活和抑制右侧颞顶联合区（右侧 TPJ）的活动考察这个心理理论相关脑区的神经活动与特殊/一般含意理解之间的潜在因果性关系。总的来说，我们的实验设计和分析方法允许在相同的实验设置中直接比较特殊和一般含意的理解过程，并直接检验心理理论推理是否是会话含意理解背后的神经认知机制的一部分。

根据以往研究，我们预期，特殊含意条件相比于其控制条件，会激活语言加工和心理理论加工的相关脑区；而一般含意条件相比于其控制条件，只会激活与语言加工相关的脑区。鉴于以往研究也发现了内侧额叶和基底神经节区域参与了一般含意加工（Shetreet et al., 2014a; Zhan et al., 2017），我们也预期一般含意理解会引发语言网络以外的脑区激活。我们对 fMRI 数据的激活模式有三种可能假设：根据默认理论（Levinson, 2000），特殊含意与一般含意的加工应该涉及不相同的认知过程，尽管它们的脑区激活可能有重叠，但神经激活模式应该不同。根据关联理论（Carston, 2004; Sperber & Wilson, 1986），特殊含意与一般含意的加工应该共享相同的认知过程，即使一些脑区的激活强度不同（这可能是含意复原难度不同造成的），其整体活动模式应该是相似的。而根据语义最小主义的观点（Borg, 2009），特殊与一般含意理解应该既有共同涉及的神经过程，也有各自单独的神经过程。如果特殊含意理解具有其特殊性，那么激活或抑制特殊含意特有的脑区会特异性地影响特殊含意理解，而不影响一般含意理解。

4.2　脑成像（fMRI）实验

相比于较为初级的认知过程，语用推理过程可能涉及多种认知加工过程的共同参与。因此，关于特殊与一般含意的神经影像学研究难以通过正向推理（forward inference），即通过实验操纵直接推断，将特定脑区的激活与某种认知加工过程进行对应。为了还原含意理解背后的认知过程，以往研究均是采用传统的单变量分析方法对脑成像数据的结果进行解释，这种对认知过程的反向推理大都基于研究者对当前文献中脑区与认知过程之间对应关系的不完整的甚至有偏差的认识（Poldrack, 2011）。根据上述批评，本实验采用多变量模式分析和基于元分析数据库的神经解码的方法来探究特殊与一般含意理解的异同。一方面，多变量模式分析利用机器学习算法，识别认知或心理过程所对应的多体素激活模式，使得研究者能够从功能性磁共振成像信号中解码出更加复杂的心理状态（Gilbert, 2011）。大量的脑成像研究证据表明单变量分析得到的某一脑区的激活与特定认知过程之间并不存在一一对应的映射关系。因此，尽管以往研究揭示了特殊与一般含意理解可能涉及相互重叠的大脑区域（比如，左侧 IFG 和 mPFC），我们依然不能认定这两种含意理解共享了相同的认知过程（参见 Woo et al., 2014）。针对这一问题，在本实验中，我们使用多变量模式分析分别确定特殊与一般含意理解在 fMRI 多体素模式水平上的神经表征，并且通过交叉分类对二者之间的关系加以探究（类似的方法参见 Wager et al., 2011, 2013; Woo et al., 2014）。另一方面，大尺度元分析数据库提供了独立于单个研究的、与某一认知过程相对应的神经表征（Poldrack, 2011），基于这类数据库的神经解码能够对神经活动模式所反映的认知过程进行更为客观、更为全面的解释。为了更好

地界定某一大脑活动模式究竟反映了怎样的认知过程，我们采用来自大
尺度元分析数据库或者独立的定位任务的特定神经模式对特殊与一般含
意理解时的神经活动模式进行空间相关分析和分类（Poldrack & Yarkoni,
2016；参见 Li et al., 2017; Tambini et al., 2016; Rubin et al., 2016）。

在本实验中，我们采用听觉对话理解任务，与 fMRI 技术结合，比
较特殊与一般会话含意理解的神经相关物的异同。我们通过单变量分析
确定加工特殊与一般含意的脑区，并通过多变量模式分析分别探讨语言
加工和心理理论加工的神经模式在特殊与一般含意理解中的参与情况，
并结合元分析数据库，为建立神经成像数据到特定认知过程之间的联系
提供更有力的证据。

4.2.1 方法

4.2.1.1 被试

共有 29 名在校大学生参与了本次 fMRI 实验。其中 1 名被试的数据
被排除在后续分析之外，因为其在听觉理解任务中的任务表现不理想（任
务正确率低于平均正确率三个标准差）。最终数据分析阶段剩余 28 名被
试（其中有 14 名女性），平均年龄为 21.5 岁，标准差为 1.9。所有被试均
惯用右手，均视力或矫正视力正常，听力正常，无神经病史或心理、认
知障碍，并且均是汉语普通话母语者。这项研究已获得北京大学心理与
认知科学学院伦理委员会的批准。所有实验参与者在参与实验前均已签
署书面的知情同意书。

4.2.1.2 实验设计与材料

我们使用若干组单轮对话场景作为实验刺激材料。每个对话材料包
含三个部分，分别是一段简要的背景介绍、一个简单疑问句（是否问句）
和与这个疑问句相对应的答句（见表 4.1，更多材料示例见附录）。在关
键条件下（即 PI 和 GI），答案与问题间接相关。对于 PI 条件的控制，即
PIC，同一个句子直接地回答其前面的问题。对于 GI 条件的控制，即
GIC，我们将 GI 条件下答句中的等级弱项（例如，有些）替换为其隐含
的意义（例如，不是所有），因而修改后的话语成为了同一问题的直接

回答。为了尽量减少特定词汇的重复出现，GI/GIC 组材料中包含多对不同的等级项，例如，"有的 / 有些 vs. 所有 / 全部"，"有时 / 有的时候 / 有时候 vs. 总是 / 总"，"有时 vs. 经常 / 常常 / 时常 / 常"，"偶尔 / 偶有 vs. 经常 / 常常 / 时常 / 常"，"很多时候 vs. 一直 / 每天"，"可能 / 也许 vs. 一定 / 肯定"，"想要 / 尝试做某事 vs. 成功做某事"，"争取做某事 vs. 保证做某事"，以及"有点 adj. vs. 非常 adj."等。对于所有的实验条件来说，对话中的问题均是强烈地期待一个是或否的回答，并且回答均给了了一个明确的回答（"是"或者"否"）。对于 PI/PIC 组来说，一半的情景材料的回答为"是"，而另一半回答为"否"。然而，对于 GI/GIC 组来说，为了理解说话人话语意义必然需要解读等级弱项的等级含意（即，较强的等级项不为真），所有答句都会对问题给出"否"的答案。例如，在表 4.1 中，话语"有的观众欣赏你的表演"触发了对问题"每个人都喜欢我的表演吗"的否定回答。在这个例子中，为了理解答句，听话人需要知道使用"有的"传达了一个一般含意"有的且不是所有的"。但是，在同样的话语对问题"有人喜欢我们的表演吗"给出"是"的回答的情况下，听话人没有必要注意到"有的"具有"不是所有"这样一层意思，也可以正确地解读说话人给出的回答。

表 4.1　两种不同类型会话含意条件及其对应控制条件的对话情景的示例。关键话语加粗。

条件	背景介绍	对话
特殊含意 （**PI**）	影视城中，一部文艺片即将拍摄完成，下面是导演和朋友的对话。	问题：我的电影会收获高票房吗？ 回答：**观众们很难真正欣赏文艺片。**
无含意 （**PIC**）		问题：大部分观众都能看懂文艺片吗？ 回答：**观众们很难真正欣赏文艺片。**
一般含意 （**GI**）	剧场后台，一位配角完成了演出正在卸妆，下面是他和导演的对话。	问题：每个人都喜欢我的表演吗？ 回答：**有的观众欣赏你的表演。**
无含意 （**GIC**）		问题：每个人都喜欢我的表演吗？ 回答：**不是所有观众欣赏你的表演。**

除了这四个关键条件以外，实验还设置了 40 个填充的对话情景。填充材料的形式和内容与关键对话情景相似。对于每个填充的对话情景，其问题都包含一个更强的等级项。在这些填充场景中，20 个包含较强的等级项，并且是对前面问题的直接答案；另外 20 个对话情景中答句带有较弱的等级项，并且是对前面问题的间接答案。我们添加这些填充材料的原因，一是为了平衡场景的是／否判断结果，二是为了打破等级推理的强／弱项（如，"全部"、"一些"、"总是"、"有时"等）与是／否判断之间的对应关系，使得材料更加多样化，防止实验参与者对实验任务形成固定的应对策略。

为了更自然地模拟对话环境，所有的实验刺激材料都通过听觉通道呈现。我们使用声卡（Steinberg CI2）和麦克风（RODE NT1-A）录制音频，选用 Adobe Audition CS6 作为录音软件，音频以 11.0 kHz 采样率和 16 位格式数字化。共 14 名普通话标准的汉语母语者作为发音人分别在隔音室中自然而流利地朗读对话中的指定部分。其中，一名男性发音人和一名女性发音人负责录制背景介绍部分，而另外 6 名男性发音人和 6 名女性发音人负责录制对话部分。为了区分问句与答句，同一段对话总是发生在女性和男性发音人之间。在录制过程中，每段音频材料均重复录制 3 遍以上，最终保留其中效果最好的版本。为了使不同发音人录制的音频音量相似、音色清晰明亮，我们使用 Adobe Audition CS6 对音频进行编辑处理。首先，对整段原始音频进行了降噪处理。然后，由两名普通话标准的汉语母语者对原始音频进行了挑选和剪辑。最后，对剪辑出来的每段音频进行振幅标准化、破音修复及主效果的处理。

4.2.1.3　前测

在听觉理解任务中，PI 条件下答句音频的平均持续时长为 1.84 s（SD = 0.35），PIC 的平均时长为 1.84 s（0.35），GI 的平均时长为 1.96 s（0.32），GIC 的平均时长为 1.97 s（0.35），以及填充材料的平均时长为 1.94 s（0.36）。我们还根据 SUBTLEX-CH 数据库（Cai & Brysbaert, 2010），计算了 PI 条件（mean = 3.95, SD = 0.66）、PIC 条件（mean = 3.95, SD = 0.66）、GI 条件（mean = 3.93, SD = 0.56）、GIC 条件（mean = 4.00,

SD = 0.52），和填充材料（mean = 4.11，SD = 0.46）中答句的平均词频。单因素方差分析显示，答句音频的平均持续时长和平均词频在这些条件下没有显著差异（ps > 0.15）。

　　为了确认每个场景中的话语均传达了我们所标记的含意类型，两名高年级语言学专业研究生对每段材料的含意类型进行归类，即选择其属于一般会话含意、特殊会话含意或者不包含会话含意。只有两名专业评价者的选择均与我们设置的实验条件标签相一致时，这组对话场景材料才会被保留下来。根据这一标准，我们从 98 对关键对话场景中选择了 92 对关键对话场景进入到之后的测试。

　　为了确保每个对话场景中答句总是明确地回答了前面的问题，25 名不会参加 fMRI 或 tDCS 实验的在校大学生（其中女性 12 名，年龄在 18—26 岁之间）参与到另一个前测中，对每套材料答句的真实含义进行判定。根据拉丁方程序，所有 92 对关键对话场景和 43 个填充材料被分成 2 个列表。每个材料列表由 12—13 名被试评定。在这个前测中，被试认真听取每段对话情景，进而判断答句的真实含义，即对于是否问句提出的疑问，回答者是想回答"是"还是"否"。如果两个或两个以上的实验参与者在一种或两种情况下回答话语的真实意思不一致，我们就有理由认为这一答句的话语意义是模糊或有歧义的。据此标准，我们排除了 12 组关键对话场景和 3 个填充材料，最终选定了 40 对 PI/PIC 组材料，40 对 GI/GIC 组材料，以及 40 个填充材料用于 fMRI 实验。

4.2.1.4　实验流程

　　在 fMRI 扫描过程中，被试在磁共振扫描仪中依次完成一个听觉理解任务和一个心理理论定位任务。

　　听觉理解任务分成 2 个部分，每个部分大约持续 20 分钟。所有的对话情景材料根据拉丁方程序被分为 4 个实验序列，每个序列被进一步分为 2 个部分。每个序列包含 120 个对话情景，其中每个关键条件（即 GI、GIC、PI 和 PIC）各 20 个对话情景，以及 40 个填充材料。每个被试仅接受一组对话情景中的一个。每个序列按照下列规则进行伪随机：1）最多连续呈现 3 个属于同一条件的材料；2）最多连续出现 4 个任务正确按键位置相同的材料；3）最多连续出现 2 个答句发音人相同的材料。在每个试次中，被试都会经历以下事件。首先，在屏幕中间出现一个固定的 "+" 注视点，并保持 1.5 s 至 5.5 s 的抖动持续时间，然后出现持续 0.1 s 的空屏。接下来，被试依次清晰地听到背景介绍、问题和回答的语音；与此同时，屏幕上仅呈现一个注视点。我们在背景介绍之后设置了 1 s 的固定间隔，并在问题和回答之间设置了 0.5 s 至 1.5 s 的抖动间隔。当回答语音播放完毕后，屏幕的左右两侧立即分别呈现 "是" 和 "否" 的选项。被试被要求尽可能准确并快速地判断答句的真实含义，即说话人使用这一答句对于前面的问题是想要回答 "是" 还是 "否"。被试通过右手的食指或中指按下反应盒上左键或右键进行反应。按键后被试选择的项目被方框围住，示意按键选择已完成，并在 0.1 s 后进入下一试次。如果被试没有在 3 s 内进行按键判断，程序将自动进入下一个试次。在本实验任务中，反应时测量的是 "是" 和 "否" 选项呈现到被试按键反应之间的潜伏时间。

在听觉理解任务之后，被试还需完成一个心理理论定位任务。这个实验任务的材料来自于 Rebecca Saxe 教授实验室开发的心理理论定位任务（http://saxelab.mit.edu/superloc.php; Dodell-Feder et al., 2011），其中包含 20 个短故事——10 个 "错误信念" 故事和 10 个 "图片" 故事。我们将这些故事和每个故事对应的陈述都翻译成流畅的汉语。为了确保翻译的版本与英文原版内容一致，一个英语母语的英汉双语者在没有阅读过原版的情况下，将中文版翻译回英文，而后邀请另一位英语母语者判定原版与翻译得到的英文版是否一致。结果发现，翻译得到的英文版几乎与原版相同，有略微差异的地方也被英语母语者判定为意义相同。因此，我们采用这个汉语版本作为实验材料，并将其中的英文人名替换成性别偏向相同的常见汉语人名。在每个试次中，故事以文字的形式呈现 12 s，而后一个关于这个故事的真假判断的陈述呈现 4 s。在陈述句呈现期间，被试根据故事判断这个陈述是 "真的" 还是 "假的"，被试用右手的食指或中指按下反应盒上的左键或右键进行反应。每个试次之间有 12 s 的间隔，屏幕上仅呈现注视点。

在实验开始前，所有被试都阅读了关于实验程序的书面指导语，并对每个实验任务都进行了练习，直到被试能够正确理解并顺利完成每项实验任务。在 fMRI 扫描之后，被试还需要对实验过程中听到的每段对话情景中答句的直接–间接程度在 7 点李克特量表（1 代表非常直接，7 代表非常间接）上进行评价。为了测量被试个体的社交技能（social skills）能力，被试填写了中文版孤独症谱系商数（Autism-spectrum Quotient, AQ）量表（Baron-Cohen et al., 2001；中文版本改编自刘萌容 [2008]，改编后的问卷在遣词造句方面更符合汉语普通话的表达习惯）。该问卷的"社交技能"子量表分数反映了类似自闭症的社交和沟通困难的程度；也就是说，得分越高，社交或沟通能力越差。

4.2.1.5　行为数据分析

对于每个实验条件，我们采集了任务正确率，同时我们测量了回答呈现完成后到被试做出判断所花费的时间，作为每个实验试次的反应时。我们采用重复测量方差分析（repeated measured ANOVA）对行为数据进行分析。在反应时分析中，错误试次和未反应试次被剔除。

在本实验以及本书其他所有实验中，数据结果是否达到统计显著水平的标准为 α = 0.05。当不满足球形假设（assumption of sphericity）时，采用 Greenhouse-Geisser 法对 F 检验的自由度进行校正。

4.2.1.6　磁共振数据采集与预处理

本实验使用场强为 3T 的 GE MR750 扫描系统获取 T2*-weighted echo-planar images（EPI）图像，数据反映血氧水平依赖（blood oxygenation-level dependent, BOLD）。重复时间（repetition time, TR）为 2000 ms，回波时间（echo time, TE）为 30 ms，翻转角度（flip angle）为 90 度。每幅功能像覆盖全脑，包含 35 层横断面扫描。每层横断面为 64 × 64 的矩阵，视野范围（field of view）为 192 mm × 192 mm，层厚为 4 mm，层间间隔为 0.75 mm，每层的平面分辨率为 3 mm × 3 mm。每幅功能像的横断面按照交错的顺序进行采集。我们通过在头部放置头枕和软垫来最大程度地降低被试在扫描过程中的头部运动。

任务态功能性磁共振成像数据的分析采用基于 Matlab 的 Statistical Parametric Mapping 软件包 SPM8（Wellcome Trust Department of Cognitive Neurology, London, UK; http://www.fil.ion.ucl.ac.uk）进行。在预处理中，确

保全部成像数据的磁场稳定性，我们预先删除了前 5 个 TR 的图像。对于剩下的图像，我们首先重新校准单幅功能像各层之间在采集时间上的差异，并且估计各幅功能像之间因为头动所产生的伪迹。为了减小头动对磁共振信号的影响，头动校正生成的参数（每幅功能像六个参数，分别是 x、y、z、pitch、roll 和 yaw）被纳入统计模型。我们采用 1/128 Hz 作为截断频率对时间序列进行高通滤波以消除 fMRI 时间序列中的低频漂移。我们通过匹配灰质、白质和脑脊液，将所有功能像在空间上标准化到加拿大蒙特利尔神经学研究所（Montreal Neurological Institute, MNI）的标准空间（该空间的左侧即实际的左侧；Ashburner & Friston, 2005），并将功能像中体素（voxel）的大小重采样为 3 mm × 3 mm × 3 mm。在此基础上，我们以半高宽（full-width half-maximum, FWHM）为 6 mm 的高斯核（Gaussian Kernel）对标准化的功能像数据进行平滑处理。实验中，所有被试的头动均不超过 3 mm。

4.2.1.7 磁共振数据分析

4.2.1.7.1 单变量分析

全脑分析采用基于 SPM8 的一般线性模型（generalized linear model, GLM）统计分析先后在被试水平和群组水平进行。每个部分中的所有回归因子由一个矩形函数（boxcar function）与经典的血流动力响应函数（Hemodynamic Response Function, HRF）的卷积模拟。

对于听觉理解任务，GLM 在被试水平定义了 9/10 个回归因子对以下事件进行建模，包括背景介绍、问题和回答的听觉呈现，以及被试的按键反应。更具体地说，回答呈现分别由 6/7 个回归因子进行建模，对应着四个关键条件（即 PI、PIC、GI 和 GIC）和两个类型的填充材料，以及一个错误理解的答句（即被试反应错误，如果存在的话）。背景介绍和问题的呈现，以及被试的反应分别由三个不感兴趣的回归因子进行建模。此外，这个模型中还包括 6 个根据重新校准程序计算得到的刚体运动参数，用来校正头部运动产生的伪迹。每个回归因子的开始时间和持续时间被设置为每段话语语音播放的起始时间和持续时长。为了精确描述在感兴趣条件中显著激活的区域，我们首先计算了每个实验条件的简单主效应。

随后，四个关键条件的被试水平的单个图像通过灵活因素设计（flexible factorial design）在群组水平上进行重复测量方差分析，并引入一个额外的因素用来控制被试间变异。在群组水平上，我们使用了一个不包括小脑的皮层掩模，之后的分析也都采用了这一掩模。我们主要定义了两个差异对比，即"PI > PIC"和"GI > GIC"。我们认为，前者反映了特殊会话含意理解的加工过程，而后者反映了一般会话含意理解的加工过程。

对于心理理论定位任务，被试水平模型同样采用 GLM，其中错误信念条件和控制条件作为感兴趣回归因子。每个回归因子的持续时间包含故事阅读的持续时间（12 s）和真 / 假判断的持续时间（4 s）。在群组水平上，来自每个被试的分别与两种条件相对应的两张对比图被输入到灵活因素设计中。我们定义了一个对比，将错误信念条件与控制条件进行比较。

联合分析（conjunction analysis）。为了找到在理解两种不同类型会话含意过程中共同激活的区域，我们还实施了一个 SPM "联合虚无"（conjunction null）分析（Nichols et al., 2005），采用如下比较：(GI > GIC) ∩ (PI > PIC)（Frison et al., 1999）。

参数分析（Parametric Analysis）。为了进一步揭示 dmPFC 在理解 PI 和 GI 理解过程中的功能，我们进行了群体水平的参数分析，在 dmPFC 感兴趣区域（region-of-interest, ROI）内使用小范围校正（small volume correction; Chen et al., 2015）探索 dmPFC 在 PI/GI 加工中的激活是否与个体社交技能的差异相关。dmPFC 感兴趣区域由在相对宽松的阈值（体素水平 $p < 0.01$ 未校正）下的联合分析中 PI > PIC 和 GI > GIC 对比的共同激活（共 1038 个体素）定义。在群体水平上，我们使用社交技能测量（AQ 量表的一个子量表）作为被试间协变量，将 PI > PIC 和 GI > GIC 对比的激活作为因变量，分别构建了两个回归模型。接下来，我们以参数分析确定的群组峰值坐标（MNI 坐标：[9, 32, 49]；详见 4.2.2.4）为球心定义了一个半径为 6 mm 的球体，并从该球体中分别提取了 PI > PIC 和 GI > GIC 对比的参数估计值。进而，分别计算了社交技能得分与在 PI > PIC 和 GI > GIC 对比中 dmPFC 激活之间的 Pearson 相关系数。随后，我们通

过 Fisher 的 Z 变换方法和 Zou 的置信区间（confidence interval, CI）方法
（Zou, 2007）对这两个来自相同样本的重叠 Pearson 相关系数进行了统计
比较，以正式地检验相关系数间是否存在显著不同。这两种方法均使用 R
软件包 cocor 1.1-3 进行（http://comparingcorrelations.org/; Diedenhofen &
Musch, 2015）。

心理生理交互（Psychophysiological Interaction，PPI）分析。由于
dmPFC 在 PI 和 GI 理解过程中均起到重要作用（见 4.2.2.2），我们很感兴
趣这一脑区在这两种类型的会话含意理解过程中与其他脑区是否具有相
同功能连接关系。为此，我们以上述联合分析中揭示的 dmPFC 作为种子
脑区进行 PPI 分析（Friston et al., 1997），并计算出与 PI 和 GI 的对比相
对应的 PPI 图。dmPFC 种子脑区定义为一个球心为联合分析的峰值 MNI
坐标 [–9, 38, 43]，半径为 6 mm 的球体（见表 4.3）。PPI 分析建立的一般
线性模型包含 3 个回归因子和 6 个头动参数。第一个回归因子（称为生
理回归因子）是从种子脑区提取出的信号的时间序列数据；第二个回归
因子（心理回归因子）是一个事件相关的时序变量，PI 条件试次出现时
该变量为 1，GI 条件试次出现时该变量为 –1；第三个回归因子（PPI 回
归因子）是由前两者计算得到的交互项。在进行群组水平的分析时，被
试水平的结果将进入单样本，个体水平的结果将进入单样本 t 检验。

所有分析结果所采用的激活阈限为体素水平 $p < 0.001$ 未校正，且
使用族概率误差法（family wise error, FWE）在团簇水平（全脑，或在
dmPFC 感兴趣区内）进行多重比较校正 $q < 0.05$。

4.2.1.7.2 多变量模式分析

为了验证 PI 和 GI 理解加工是否具有相同的神经表征，我们采用线
性支持向量机（support vector machine, SVM）使用基于 Spider 软件包的
Matlab 代码（http://people.kyb.tuebingen.mpg.de/spider）对全脑所有体素
训练多维 fMRI 模式分类器。我们基于个体水平对比图（contrast images）
分别训练了三个分类器，用以区分 PI 和 PIC、GI 和 GIC 以及 PI 和 GI。
出于更好地可视化呈现结果的考虑，我们对每个分类器的权重图进行
bootstrap 测试以提供体素分类器权重的显著水平（p 值）（图 4.2A）。我

们构建了 10,000 个自举样本集（有放回），并在每个样本集中执行 SVM。在每个体素中，根据分类器权重的分布计算出双尾、未校正的 p 值。对于全脑分析，权重图（weight maps）的阈限为 $p < 0.001$ 未校正（团簇大小 > 10），仅用于可视化呈现对分类贡献最可靠的团簇（参见 Wager et al., 2013）。在分类和后续的相似性分析中，训练数据的所有体素均被使用。训练使用一个采用"预留一名被试"交叉验证法（leave-one-subject-out cross-validation method）的二选一迫选测试（参见 Chang et al., 2015; Woo et al., 2014），来计算 PI vs. PIC 和 GI vs. GIC 的 SVM 分类器的分类准确度。具体来说，我们随机预留实验中的 28 名有效被试中的其中一名的数据，用剩下 27 名被试的数据训练分类器，得到分类器权重向量，将该权重向量与预留的那名被试相应对照图的激活向量点乘得到两种决策对应的模式响应（pattern expression value），该指标的值越大表明相应激活图代表的大脑状态越接近训练时标记为"1"的状态，如理解 PI 条件下的答句；该指标的值越小则表明相应激活图代表的大脑状态越接近训练时标记为"–1"的状态，如理解 PIC 条件下的答句。如果对于那名预留被试，对应于 PI 理解的模式响应大于对应于 PIC 理解的模式响应，那么说明分类器的预测是准确的。重复以上过程，直至每名被试都做过并且仅做过一次预留被试。做跨实验条件或跨实验验证时，将上述所得分类器与同批数据中未曾进入训练过程的条件或另外一批数据中的条件点乘，检验模式相应的相对大小是否与实验操作一致。训练来区分 PI 和 PIC 的分类器（即 PI 分类器）和训练来区分 GI 和 GIC 的分类器（即 GI 分类器）分别代表了可由 PI 和 GI 调节的神经模式（Woo et al., 2014, 2017）。一方面，如果 PI 和 GI 理解共享神经表征，那么 PI 分类器应该可以准确地区分 GI 和 GIC，并且 GI 分类器也可以准确地区分 PI 和 PIC。另一方面，如果经过训练来区分 PI 和 GI 的分类器的交叉验证准确性很显著，那么 PI 和 GI 理解之间可能存在不同的认知过程。

为了更好地解析会话含意理解过程中涉及的子过程，我们使用 fMRI 元分析工具 NeuroSynth 影像解码器（http://neurosynth.org/; Yarkoni er al., 2011）来量化我们的模式分类器与从前人研究（即 NeuroSynth 数据库中包含的数千篇已发表的同行评议的神经影像学研究，下载时间为 2017 年 1 月）中得出的反向推理图之间的神经表征相似性。我们将训练得到的 PI 分类器和 GI 分类器的权重图分别与 NeuroSynth 数据库中 2911 个词条的反向推理 z 统计图（reverse inference z-map）[1] 做空间相关，并计算出 Pearson 相关系数，这被认为是使用 NeuroSynth 解码工具对我们群组水平的全脑体素进行的神经侧写（neural profiles; Gorgolewski et al., 2015; Yarkoni et al., 2011）。这里，我们重点关注了 PI/GI 加工与事先确定的 15 个心理学和心理语言学核心概念之间的模式相关性，包括注意（attention）、记忆（memory）、知识（knowledge）、认知控制（cognitive control）、决策（decision）、情绪（emotion）、推理（reasoning）、意图（intention）、心理理论（theory of mind）、语言（language）、正字法（orthographic）、语音（phonological）、词汇（lexical）、句法（syntactic）和语义（semantic）。

之后，我们分别检验了语言和心理理论加工在何种程度上参与 PI 和 GI 的理解过程。首先，我们在 NeuroSynth 数据库中以 "language" 和 "theory mind" 作为关键词分别检索脑成像文献。根据这些文献的结果进行反向推理，即已知大脑中某个体素的激活，推测其活动与我们关心的认知加工过程相关的可能性。据此，我们获得了与 "language" 和 "theory mind" 加工相关的全脑图，并以此作为语言和心理理论加工的典型神经表征模式。我们将独立定义的语言加工模式与心理理论加工模式分别用于区分 PI 及其控制条件（PIC）、GI 及其控制条件（GIC），以及 PI 和 GI 条件。此外，我们还通过与前文相同的程序，根据本实验中的心理理论定位任务，分别对全脑所有体素和 dmPFC 感兴趣区域内的体素进行训练，得到一个 ToM 分类器。训练同样使用 "预留一名被试" 交叉验证法，区分被试加工错误信念（标记为 "1" 的状态）和图片（标记为 "–1" 的状态）条件所对应的个体水平对照图。对于感兴趣区域分析，我们选取了预先定义的特殊与一般含意加工共同激活的 dmPFC 区域内的体素（即上文联合分析得到的团簇，体素数量 = 1038）作为训练和测试数据。据此，

---

1 反向推理图中，全脑每个体素对应一个 z- 分数的值，这个值代表着若某个报告的激活存在则在这个研究中使用某一词条的概率［即 P(Term|Activation)］。

我们获得了在全脑和 dmPFC 感兴趣区域内的区分错误信念条件和图片条件的分类器，并以此作为全脑和 dmPFC 区域内的 ToM 分类器，并计算其区分 PI 及其控制条件（PIC）、GI 及其控制条件（GIC），以及 PI 和 GI 条件的分类准确度。

4.2.2　结果

4.2.2.1　行为数据结果

对于听觉理解任务，对每个条件下每个被试任务的平均正确率进行 2（含意组类型：特殊含意组 vs. 一般含意组）×2（有无含意：关键条件 vs. 控制条件）重复测量方差分析。结果发现，两个因素的交互作用显著，$F(1, 27) = 8.20, p = 0.008$, partial $\eta^2 = 0.23$（见表 4.2）。简单效应检验表明，对于 GI 组，GI 条件下的正确率低于其对照条件下的正确率，$p < 0.001$；而这个效应在 PI 组中不显著，$p = 0.08$。反应不正确或在时限（3 s）内无反应的试验被排除在之后的行为分析和功能磁共振成像分析之外。

对每个条件下每个被试按键反应时的均值进行 2×2 重复测量方差分析。结果发现，两个因素的交互作用显著，$F(1, 27) = 23.69, p < 0.001$, partial $\eta^2 = 0.47$。简单效应分析显示，PI 条件的反应时显著长于 PIC 条件，GI 条件的反应时显著长于 GIC 条件，且 PI 与其控制条件之间反应时的差异（266 ms, $p < 0.001$）显著大于 GI 与其控制条件（92 ms, $p = 0.004$）。考虑到 PI 与 GI 条件的正确率和反应时之间存在此消彼长的情况（speed-accuracy trade-off），我们用每个被试正确试次的平均反应时间除以任务正确率，生成一个新的变量逆效率（inverse efficiency; Townsend & Ashby, 1978；见表 4.2）。对其进行了重复测量方差分析，结果与反应时数据的模式一致，两个因素的交互作用显著，$F(1, 27) = 8.95, p = 0.006$, partial $\eta^2 = 0.25$。进一步的简单效应分析同样显示，PI 条件的逆效率显著长于 PIC 条件，GI 条件的逆效率显著长于 GIC 条件，且 PI 与其控制条件之间逆效率的差异（301）显著大于 GI 与其控制条件（161）。这些结果表明，相比于没有会话含意的话语，被试理解具有会话含意的话语需要更加复杂的语用推理过程的参与；并且理解 PI 似乎比理解 GI 更加困难。

此外，被试在磁共振扫描后完成间接程度评价任务。对被试事后主观评价的直接/间接程度（"1"代表非常间接，"7"代表非常直接）进行重复测量方差分析。结果发现，两个因素的交互作用显著，$F(1, 27) = 52.41$，$p < 0.001$，partial $\eta^2 = 0.66$。简单效应检验显示，被试评定 PI 条件比 PIC 条件的答句更加间接地回答了问题，GI 条件比 GIC 条件的答句更加间接地回答了问题，而 PI 与其控制条件之间直接程度的差异（2.72，$p < 0.001$）显著大于 GI 与其控制条件（1.36，$p < 0.001$）。这表明，参与 fMRI 实验的被试确实认为具有会话含意的回答比无含意回答更加间接。

表 4.2　每个条件下的平均准确度、RT、逆效率得分和间接程度，以及标准差（括号中）。

测量	PI	PIC	GI	GIC
正确率（%）	93.8 (5.2)	95.9 (4.9)	89.1 (7.5)	97.1 (4.0)
反应时（毫秒）	852 (275)	586 (235)	669 (251)	577 (249)
逆效率 （反应时 / 正确率）	917 (320)	616 (256)	756 (299)	595 (260)
间接程度	4.82 (0.94)	2.10 (0.53)	3.40 (1.04)	2.04 (0.77)

4.2.2.2　全脑单变量分析的结果

为了确定特殊会话含意和一般会话含意加工分别对应的神经相关物，我们在全脑水平分别比较了 PI 和 GI 条件与其对应的控制条件。与前人研究相一致，PI 减去其对应的控制条件（"PI > PIC"）发现了双侧额下回（IFG）、双侧颞中回（MTG）、中部和背部内侧前额皮层/前辅助运动区（mPFC/pre-SMA）、双侧颞顶联合区（TPJ）、双侧额中回（middle frontal gyrus，MFG）和楔前叶（PreC，延伸到后扣带皮层 [post cingulum cortex，PCC]）的激活（如图 4.1A 和表 4.3 所示）。而 GI 减去其对应的控制条件（"GI > GIC"）则发现了双侧 IFG、左侧 MTG 和背侧 mPFC/pre-SMA 的激活（如图 4.1B 和表 4.3 所示）。值得注意的是，在排除了体素水平阈限设为 $p < 0.01$（未校正）的 GI > GIC 对比激活之后，PI > PIC 对比显示了双侧颞叶前部、双侧 TPJ、中部 mPFC 和 PreC 的激活（如图 4.1D 蓝

色部分所示）；在排除了体素水平阈限设为 $p < 0.01$（未校正）的 PI > PIC
对比激活之后，GI > GIC 对比显示了 pre-SMA 的激活（如图 4.1D 橙色
部分所示）。

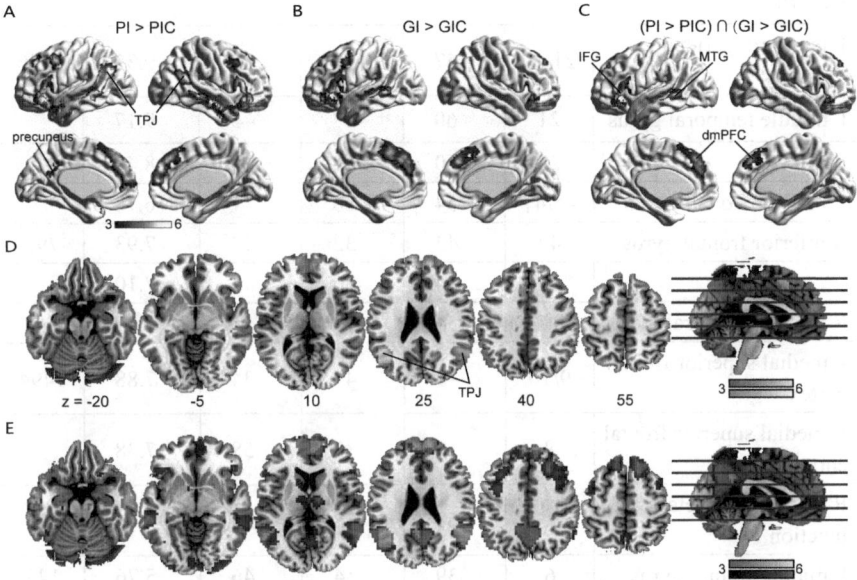

图 4.1　全脑单变量分析的结果。（A）显示了全脑单变量分析中"PI > PIC"激活
的脑区；（B）显示了全脑单变量分析中"GI > GIC"激活的脑区；（C）显
示了联合分析中"PI > PIC"和"GI > GIC"共同激活的脑区。（D）显示
了"PI > PIC"和"GI > GIC"单独激活的脑区。蓝色表示将"GI > GIC"
激活的脑网络从"PI > PIC"激活的脑网络中去掉后的结果，橙色表示将
"PI > PIC"激活的脑网络从"GI > GIC"激活的脑网络中去掉后的结果。
（E）显示了 PI 的特异性激活（显示为蓝色），错误信念与控制条件（false
belief > control）对比激活的脑区（显示为红色）。粉色的团簇表示上述两
个比较的重叠区域。

　　为了考察特殊和一般会话含意加工过程是否涉及共同的脑区，我们
对 PI > PIC 和 GI > GIC 两个比较进行了一个统计上的联合分析，结果发
现了双侧 IFG、左侧 MTG 和 dmPFC（延伸到 SMA）的激活（如图 4.1C
和表 4.3 所示）。这些结果表明，对 PI 和 GI 的理解可能同时涉及共享和
分离的神经相关性。

表 4.3 感兴趣比较在全脑水平的激活。BA 代表布洛德曼分区（Brodmann area）。

脑区	BA	峰值 MNI 坐标			最大 T 值	团簇规模
		x	y	z		
PI > PIC						
L temporo–parietal junction	21/39	−57	−58	22	9.35	1456
L middle temporal gyrus	21	−60	−37	−5	9.17	
	20	−60	−13	−20	8.41	
L inferior frontal gyrus	45/47	−54	26	1	6.78	
R inferior frontal gyrus	47	42	32	−14	7.93	795
	45	54	26	4	7.10	
R middle temporal gyrus	20/21	54	−28	−11	5.19	
L medial superior frontal cortex	9/10	−9	47	34	7.88	1494
R medial superior frontal cortex	8	12	32	58	7.38	
R temporo–parietal junction	22/39	60	−58	25	5.46	273
L middle frontal gyrus	6	−39	14	46	5.76	143
R middle frontal gyrus	6	42	17	40	4.58	68
L post cingulum cortex	23	−9	−46	34	4.55	60
L precuneus	23	−3	−55	22	3.64	
GI > GIC						
L medial superior frontal cortex	32/9	−9	35	43	6.03	937
L supplemental motor area	6	−9	23	55	5.86	
L inferior frontal gyrus	45	−51	26	4	6.01	635
	47	−42	38	−11	5.64	
L middle temporal gyrus	21	−63	−46	−2	5.55	204
R inferior frontal gyrus	47	42	29	−8	4.44	175
	48/45	48	20	16	4.36	

（待续）

（续表）

脑区	BA	峰值 MNI 坐标			最大 T 值	团簇规模
		x	y	z		
(PI > PIC) ∩ (GI > GIC)						
L medial superior frontal cortex	32/9/8	−9	38	43	5.79	585
L inferior frontal gyrus	45/47	−54	26	4	5.74	289
L middle temporal gyrus	21	−63	−46	−2	5.55	153
R inferior frontal gyrus	47	42	29	−8	4.25	139

为了识别由 ToM 加工激活的大脑区域，我们检验了错误信念与其控制条件在全脑水平上的对比。这个对比引起了双侧 TPJ 向下延伸至颞叶前部、mPFC、PreC 延伸至 PCC、双侧 IFG 和 MFG 的激活。这些结果与之前研究中确定的 ToM 脑网络高度一致（Dodell-Feder et al., 2011; Lee & McCarthy, 2016）。如图 4.1E 所示，PI 的特异性激活（蓝色）几乎完全嵌入到本研究中确定的 ToM 加工网络（红色）中。

4.2.2.3　全脑多变量模式分析的结果

为了检验 PI 和 GI 加工共享神经表征的假设，我们首先在全脑水平上训练和测试多变量模式。我们分别训练多变量 fMRI 模式分类器区分 PI 和其控制条件 PIC（如图 4.2A 的左图所示），以及 GI 和其控制条件 GIC（如图 4.2A 的右图所示）。结果发现，PI 分类器能够在测试被试中以 96% 的正确率区分 PI vs. PIC（95% CI: 90%—100%, $p < 0.001$），而 GI 分类器能够在测试被试中以 96% 的正确率区分 GI vs. GIC（95% CI: 90%—100%, $p < 0.001$）。更重要的是，如图 4.2B 所示，当 PI 分类器用于区分 GI 和其控制条件时，正确率接近 100%（95% CI: 100%—100%, $p < 0.001$）；当 GI 分类器用于区分 PI 和其控制条件时，正确率可达到 96%（95% CI: 90%—100%, $p < 0.001$）。这些发现为 PI 和 GI 在功能上存在共享的神经表征提供了证据。此外，我们发现经过训练以分离 PI vs. GI 的分类器可以以 96% 的正确率区分 PI 条件和 GI 条件（95% CI: 91%—100%; $p < 0.001$）。尽管这种项目间的比较（between-item comparison）是非正式的，但这一发现仍可能提供了这两个过程间存在差异的可能性。

图 4.2A 分别显示了区分 PI（vs. PIC）和 GI（vs. GIC）分类器的达到阈限的全脑权重图（基于 10,000 次迭代的 bootstrap 测试，阈限为 $p <$ 0.001[未校正]，仅用于可视化呈现）。不难看出，PI vs. PIC 主要通过双侧 IFG、左侧颞叶前部、右侧 MTG 前部、双侧 TPJ 和 mPFC 的活动增强来预测，而 GI vs. GIC 主要通过双侧 IFG、左侧 MTG 后部和 mPFC 的活动增加来预测。

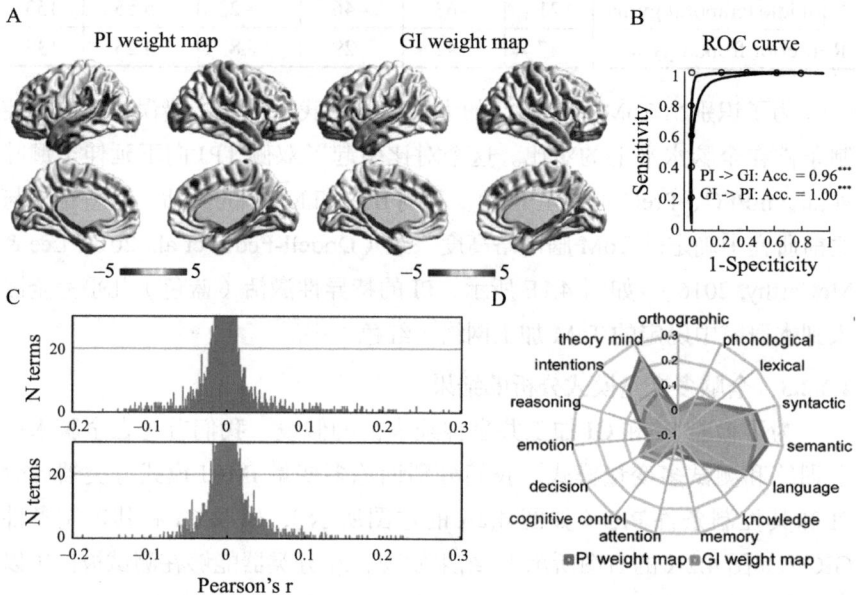

图 4.2　全脑 MVPA 的结果。（A）特殊与一般会话含意加工分别对应的基于 fMRI 模式的分类器。全脑权重图显示了那些其活动能够可靠地区分 PI vs. PIC 条件（即 PI 权重图）和 GI vs. GIC 条件（即 GI 权重图）的体素。正（暖色）和负（冷色）权重分别代表其活动的增强或减弱可预测更多的 PI/GI 加工。（B）在二项选择的分类检验（n = 28）中，交叉验证（"预留一名被试"）的正确率。*** 表示 p < 0.001。（C）显示了利用 Neurosynth 影像解码器执行的神经相似性分析的结果。PI（蓝色）和 GI（橙色）分别与 Neurosynth 数据库中全部反向推理图的空间相关系数的分布。对于 PI 分类器，mean r = 0.00，SD = 0.04；对于 GI 分类器，mean r = 0.00，SD = 0.03。（D）事先选定的 15 个核心心理认知过程或语言加工过程的神经侧写与 PI（蓝色）/GI（橙色）分类器的空间相似性。

为了进一步剖析 PI 和 GI 加工的认知过程，我们分别对 PI 和 GI 分类器权重图与 Neurosynth 数据库中所有词条对应的反向推理图进行了空间相关性分析。这一基于 Neurosynth 数据库的神经相似性分析发现，PI 与 GI 分类器均与语言相关（特别是句子层面语言加工相关）的神经侧写具有较高的正相关，如 "language"（$r_p = 0.20$; $r_g = 0.21$）、"semantic"（0.24; 0.20）和 "syntactic"（0.21; 0.17）；而 PI 还与心理理论有关的神经侧写具有较高的正相关，如 "theory mind"（$r_p = 0.24$）和 "intentions"（0.15），但 GI 却不与它们存在明显相关（r 均小于 0.1；如图 4.2D 所示）。此外，PI 和 GI 分类器与其他词条的神经侧写不存在明显相关（r 均小于 0.1；PI 和 GI 分类器分别对应的空间相关系数分布如图 4.2C 所示），这说明这两种含意加工可能极少地或不涉及其他核心认知过程以及词汇层面的语言加工过程。

为了进一步探究语言和心理理论加工在多大程度上参与了 PI 和 GI 理解，我们检验了语言和心理理论的激活模式对 PI 和 GI 的神经表征的分类效果。由 NeuroSynth 元分析数据库定义的 "语言" 和 "ToM" 典型大脑模式（如图 4.3B 所示；词条分别为 "language" 和 "theory mind"），用于区分 PI 和 GI 与其各自的控制条件（见图 4.3A）。结果发现，"语言"模式能够显著高于几率水平地区分 PI vs. PIC 条件（平均正确率为 82%，95% CI: 68%—93%, $p < 0.001$），以及 GI vs. GIC 条件（79%, 95% CI: 64%—91%, $p = 0.004$），但在区分 PI vs. GI 条件时的表现处在几率水平（64%, 95% CI: 50%—78%, $p = 0.18$）。这表明 PI 和 GI 理解本质上涉及相同的语言加工的神经模式。与此相反，"ToM"模式则能够区分 PI vs. PIC 条件（93%, 95% CI: 84%—100%, $p < 0.001$），以及 PI vs. GI 条件（89%, 95% CI: 79%—97%, $p < 0.001$），但在区分 GI vs. GIC 条件时的表现处在几率水平（61%, 95% CI: 45%—76%, $p = 0.34$）。这表明 ToM 相关的推理过程可能是 PI 理解所独有的。值得一提的是，由心理理论定位任务定义的 "ToM" 模式进行相同的分析，其结果也与上述结果模式一致：区分 PI vs. PIC 的正确率为 96%（95% CI: 89%—100%; $p < 0.001$），区分 PI vs. GI 的正确率为 97%（95% CI: 89%—100%; $p < 0.001$），但区分 GI vs. GIC 的正确率仅在几率水平（68%, 95% CI: 53%—83%, $p = 0.09$）。

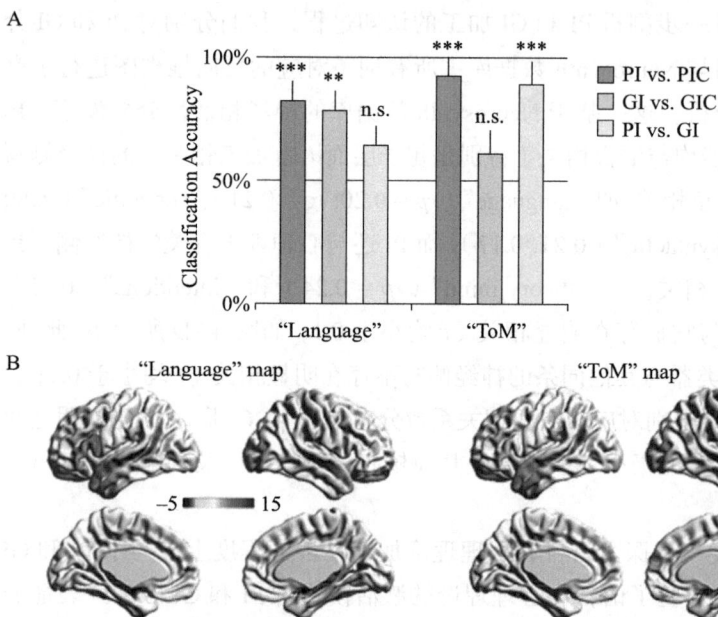

图 4.3　基于典型加工模式的全脑 MVPA 的结果。(A)显示了"语言"模式(左侧三个柱)和"心理理论"模式(右侧三个柱)区分 PI vs. PIC，GI vs. GIC，和 PI vs. GI 的交叉验证("预留一名被试")的分类检验正确率。图中误差线代表被试间标准误。*** 表示 $p < 0.001$，** 表示 $p < 0.01$，n.s. 表示不显著。(B)显示了来自 NeuroSynth 数据库的"语言"(左图)和"心理理论"(右图)典型模式图。

4.2.2.4　围绕感兴趣区 dmPFC 的分析结果

一方面，全脑 MVPA 显示 PI 和 GI 加工之间的差异在于与 ToM 和意图考虑相关的神经表征。而另一方面，单变量分析表明，PI 和 GI 加工被认为是 ToM 网络核心区域之一的 dmPFC 同时参与了，且共同激活的 dmPFC 中有 58.6% 的体素也显著被 ToM 任务激活(见图 4.4C)。鉴于这些看似矛盾的发现，我们围绕感兴趣区域 dmPFC 进行如下分析，进一步探究这一脑区的神经活动在 PI 和 GI 理解过程中的功能。

我们首先假设如果 dmPFC 内的神经分类器可以区分 PI vs. PIC，但不能区分 GI vs. GIC，那么我们有理由相信 PI 和 GI 调用了 dmPFC 中不同的神经表征。为了检验这一假设，我们在预先确定的 dmPFC ROI 内训练了 "ToM" 多变量模式，以区分 ToM 任务中的错误信念条件及其控制条件。该 dmPFC ROI 通过对比 PI > PIC 和 GI > GIC 的单变量联合分析获得。交叉验证检验显示这个 "ToM" 分类器能够以 100% 的正确率（95% CI: 100%—100%, $p < 0.001$）区分错误信念条件和其控制条件。当将其应用于区分 4 种实验条件时（如图 4.4A 所示），这个 dmPFC 内的 "ToM" 分类器能够显著高于几率水平地区分 PI vs. PIC 条件（89%, CI: 79%—97%, $p < 0.001$），以及 PI vs. GI 条件（86%, CI: 73%—96%, $p < 0.001$）。然而，这个分类器区分 GI vs. GIC 的正确率仅在几率水平（61%, CI: 45%—76%, $p = 0.34$），这与全脑 MVPA 分类的结果一致。这些发现支持了以下假设：理解 PI 和 GI 在 dmPFC 内具有不同的神经表征。具体来说，PI 的表征可能涉及 ToM 相关的推理成分，而 GI 则不涉及。

其次，我们对 dmPFC ROI 的激活进行了单变量参数分析。我们分别在 PI > PIC 和 GI > GIC 对比的两个独立模型中添加了被试的社交技能（通过 AQ 问卷测量[1]）作为群组水平协变量。如图 4.4B 所示，dmPFC 在 PI 加工中的活动强度（峰值坐标为 [9, 32, 49]；团簇大小 = 12；p_{FWE} = 0.041，小范围校正）与社交技能得分呈现显著的负相关（$r = -0.60$, $p = 0.001$），但在 GI 加工中的活动强度则与之没有显著相关（$r = 0.10$, $p = 0.61$）。一个直接比较进一步证实这两个相关系数存在显著的差异，$z = -3.22$, $p = 0.001$, 95% CI 为 [−1.05, −0.29]。这一结果表明，个体的社交技能调节了 dmPFC 在 PI 加工中的激活，但对 GI 加工没有效果。

1　在本研究中，我们使用孤独症谱系商数（AQ）问卷的一个子量表来衡量实验参与者的社交技能能力。根据 Baron-Cohen 等人（2001）计算的社交技能分量表得分反映了孤独症样社困难的程度；也就是说，分量表得分越高，个体的社交技能越差。社交技能的可能分数从 0 到 10 不等。此项功能磁共振成像研究的实验参与者来自中国排名较高的大学。他们的平均得分为 4.82（SD = 2.67；范围在 0 到 9 之间），与中国大学生的研究数据相当（如，霍超，等，2020: mean = 4.33, SD = 2.45, N = 956；唐苏勤等，2012: mean = 4.44, SD = 2.13, N = 1918）。此外，AQ 量表的总平均分（22.46 ± 5.05，范围在 13 到 31 之间）也与之前在中国学生群体中进行的研究一致（霍超，等，2020；唐苏勤，等，2012；张怡等，2014）。值得注意的是，中国人的社交技能分量表的平均得分和 AQ 总量表平均得分都高于西方人（Baron-Cohen et al., 2001）。这种不一致性可能源于中国与西方国家之间的跨文化差异。

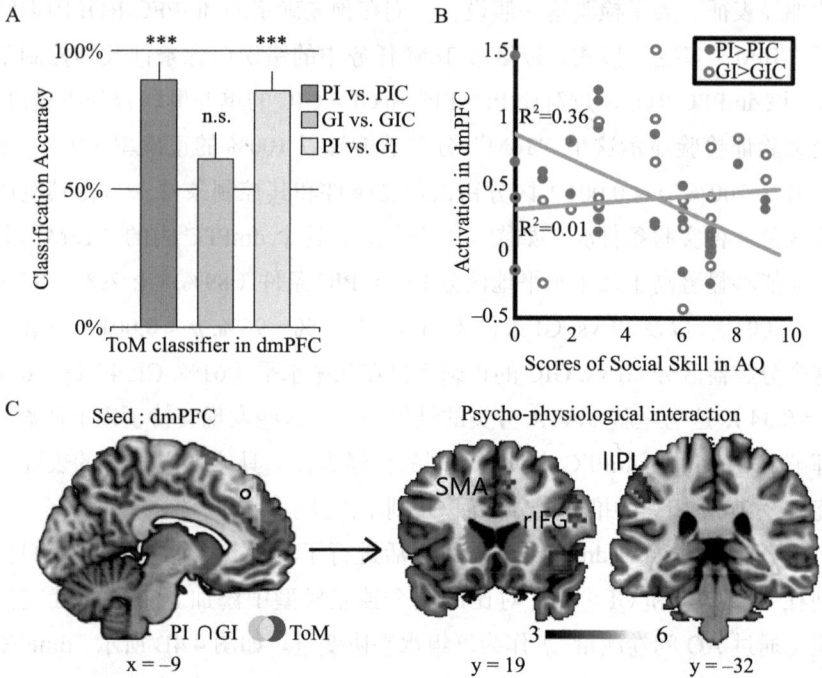

图 4.4 围绕感兴趣区域 dmPFC 的分析结果（A）"PI > PIC"和"GI > GIC"共同激活的 mPFC 区域（体素水平 $p < 0.01$ 未校正）中，基于 ToM 定位任务的错误信念条件（1）和图片条件（−1）训练得到的分类器。在二项选择的分类检验（n = 28）中，交叉验证（"预留一名被试"）的正确率。*** 表示 $p < 0.001$，n.s. 表示不显著。（B）显示了基于感兴趣区域的参数分析结果。基于群组水平一般线性模型从 dmPFC 中提取出的每个被试四个实验条件对应的参数估计值（Beta 值）。（C）显示了 dmPFC 中 ToM 网络（红色）与 PI 和 GI 共同激活（绿色）之间的重叠区域（黄色），以及以此为种子脑区进行 PPI 分析的结果。

最后，我们以先验的 dmPFC（球心 MNI 坐标为 [−9, 38, 43]，半径为 6 mm）为种子脑区进行 PPI 分析，考察 dmPFC 与其他脑区的功能连接在理解 PI 和 GI 时是否存在差异。结果发现，dmPFC 与若干脑区——包括中央前回（precentral gyrus）、左侧顶下小叶（inferior parietal lobule, IPL）、右侧 IFG 的岛盖部（pars opercularis）和框部（pars orbitalis；延伸至右侧前脑岛），以及 SMA——在 PI 加工时，相比于在 GI 加工时，表现出显著更强功能互动（见图 4.4C 和表 4.4）。

表 4.4 以 dmPFC 为 ROI 的 PPI 分析结果，统计阈限均为体素水平 $p < 0.001$ 未校正，团簇水平 $p < 0.05$，FWE 校正。所有报告的坐标均在 MNI 空间中。BA 代表布洛德曼分区（Brodmann area）。

脑区	BA	峰值 MNI 坐标			最大 T 值	团簇规模
		x	y	z		
PI > GI						
L precentral gyrus	6	−33	−16	67	5.18	388
L inferior parietal lobule	40	−57	−34	46	4.86	
R inferior frontal gyrus (orb)	47	36	29	−8	4.18	105
R inferior frontal gyrus (oper)	48	54	17	19	4.70	69
R precentral gyrus	44	57	11	34	4.08	
R supplementary motor area	32	9	20	46	4.76	132

4.2.3 讨论

在本节中，我们研究了 PI 和 GI 理解的神经表征。单变量和多变量 fMRI 数据分析的结果一致表明，PI 和 GI 的理解共享语言加工组件，但不同之处在于 PI 理解，而不是 GI，进一步依赖于 ToM 相关的推理过程。

在 PI 理解的效应（具有 PI 的间接回答 vs. 直接回答）中，双侧 IFG、MTG、mPFC（延伸至 pre-SMA）、TPJ、PreC 和 MFG 均出现激活，这基本上重复了之前关于特殊含意理解的研究结果（Bašnáková et al., 2014; Feng et al., 2017; Shetreet et al., 2014a; Shibata et al., 2011; van Ackeren et al., 2012, 2016）。IFG 和 MTG 作为语言网络的核心脑区，参与复原话语内容（Ferstl & von Cramon, 2001; Xu et al., 2005），而 mPFC、TPJ 和 PreC 构成了一个典型的"ToM 网络"，参与涉及高阶的 ToM 相关推理过程的任务（Koster-Hale & Saxe, 2013; Van Overwalle & Baetens, 2009）。此外，不同于以往研究创造一个语用上不匹配的语境（例如，句子核正范式或图片–句子核正范式），当前的听力理解任务揭示了超出了之前的研究范围的 GI 加工的神经基础。通过将具有 GI 的间接回答与直接回答进行对比，我们发现理解 GI 相比于理解直接回答同样更可靠地激活双侧 IFG、左侧

MTG 和 mPFC（延伸至 pre-SMA）。因此，从重叠的 fMRI 激活的角度来看，PI 和 GI 加工可能会涉及共同的神经基质。

首先，两种含意理解共同激活了语言网络中的双侧 IFG 和 MTG。虽然，IFG 被发现与词汇语法分类（Ni et al., 2000）和代词解析（Nieuwland et al., 2007）有关，但我们更倾向于认为这里的 IFG 激活反映了含意理解时句子或话语水平的语义加工，因为在本实验的材料中词汇、句法和较低层次的语用因素都得到很好的控制。在语义方面，IFG 被发现与语义信息提取（Wagner et al., 2001）、语义整合（Hagoort et al., 2004; Zhu et al., 2012）和语义选择（Kan & Thompson-Schill, 2004; Thompson-Schill et al., 1997）相关。具体而言，IFG 中的激活可能反映了在含意理解期间更高的将语义信息整合到语境中的认知需求（Menenti et al., 2009; Rapp et al., 2004, 2007, 2012）。另一方面，MTG 被认为是语义系统的核心区域（Binder et al., 2009; Visser & Lambon Ralph, 2011; Xu et al., 2005）。在语用加工过程中，这两个脑区负责理解文本或叙述性信息（Ferstl & von Cramon, 2001; Fletcher et al., 1995; Xu et al., 2005），以及理解社交信息（Ross & Olson, 2010; Zahn et al., 2007）。

其次，PI 理解过程还额外激活了 dmPFC、TPJ 和 PreC，这些脑区均被认为是 ToM 加工的核心脑区（Amodio & Frith, 2006; Saxe, 2006; Frith & Frith, 1999; Van Overwalle & Baetens, 2009）。然而，"ToM 网络"中的脑区可以支持除了经典的 ToM 相关加工（即推断他人的心理状态，例如错误信念推理）之外的多种认知功能。例如，dmPFC 在关于行为和判断（包括目的和意图）的反思性推理中起作用（De Lange et al., 2008; Van der Cruyssen et al., 2009; 亦见 Keysers & Gazzola, 2007），特别是促进对关于自我和他人的较长期特质和品格的归因（Van Overwalle, 2009）；同时，dmPFC 也被发现参与归纳推理（Siebörger et al., 2007）和理论思维过程（Fletcher et al., 1995）；有研究者提出，在语篇理解中观察到的 dmPFC 激活可能反映了 ToM 和语篇理解共享的一些通用功能（Mason & Just, 2011）。又比如，TPJ 区域指的是颞叶和顶叶的交界处，支持认知控制或注意过程（Carter & Huettel, 2013; Lee & McCarthy, 2016）；ToM 网络支持社会信息的工作记忆（Meyer et al., 2012）。因此，"ToM 网络"的激活并不一定意味着典型的 ToM 加工的参与。为了避免基于有偏见的文献综述（Aguirre, 2003; Poldrack, 2006）对某个大脑区域或系统的激活反映的认知过程进行不严谨反向推断，我们进行了更细颗粒度的分析，将 MVPA 方法与从大规模元分析中得出的独立神经表征相结合，以明确重叠的激活是源于相同的还是不同的神经表征（Peelen & Downing, 2007），并从所有可能性当中确定有哪些认知过程参与进来（Poldrack, 2011）。一方面，我们的全脑多变量模式解码结果为以下论点提供了相当多的证据：PI 和 GI 理解涉及相同的语言加工神经表征，这很可能表明含意理解过程需要构建和保持语篇中话语的连贯表征（Menenti et al., 2009; Rapp et al., 2012）。另一方面，我们的结果表明，参与实现类似 ToM 推理过程的神经表征仅在 PI 理解的过程中被观察到，而不能在 GI 理解的过程中被观察到。结合单变量分析的结果，这些发现表明，会话理解者的 ToM 相关网络有选择性地被调用，用以通过复原与特定语境密切相关的意义来推测说话人的目的和意图。

第三，dmPFC 同时参与 PI 和 GI 的理解。然而，在围绕这一脑区进行的感兴趣区分析中，我们发现在解读 PI 和 GI 的过程中 dmPFC 的共同激活存在差异。首先，基于感兴趣区的 MVPA 显示 PI 加工激活了 dmPFC 内与 ToM 相关的 fMRI 模式，但 GI 加工则没有激活。这意味着，解读 GI 不额外涉及，或者最多只是很微弱地涉及类似 ToM 的推理加工过程。其次，dmPFC 在 PI 加工期间的激活与个体的社交技能密切相关，但在 GI 加工期间的激活则不然。第三，与 GI 加工相比，在 PI 加工的过程中，dmPFC 表现出与 SMA、前运动皮层、右侧 IFG 和左侧 IPL 之间的功能连接显著增强。这种额叶和顶叶的活动模式与领域一般性（domain-general）的认知 / 执行控制相关（Bush & Shin, 2006; Corbetta & Shulman, 2002; Duncan, 2010; Nagano-Saito et al., 2014; Ye & Zhou, 2009a, b）。考虑到 PI 理解通常比 GI 理解更困难（参见本章 4.2.2.1 行为数据结果），可以合理地预测 PI 可能需要额外的认知加工来监控和解决会话中句子表征之间的冲突。因此，功能连接的增强可能反映了认知控制系统如何参与到 PI 理解涉及的语用推理过程中。然而，在理解具有 GI 的间接回答时，dmPFC 的活动与 ToM 加工无关。除了与 ToM 相关的推理加工外，dmPFC 还与支持话语语用理解的各种高级认知功能有关，如执行控制、情绪评价和一般性推理（参见 Jiang, 2018 的综述）。因此，一个相关的想法是，该区域参与策略性的推理加工，以建立会话中话语之间的关联（参见 Ferstl et al., 2008; Ferstl & von Cramon, 2002; Kuperberg et al., 2006）。也就是说，GI 理解过程中 dmPFC 的激活可能反映了一种更加一般化的、更接近于胶囊化的推理过程（Ferstl & von Cramon, 2001, 2002; Mason & Just, 2011），诸如基于特定词汇或语言形式的推理（如，"有的"意味着"不是所有"）。

我们的研究结果充分体现了一个观点，即 dmPFC 包含多个不同的编码不同心理状态的神经元集群。这一脑区参与多种高阶认知功能。尽管 dmPFC 是 ToM 加工的核心区域之一（Van Overwalle, 2009），但 dmPFC 也参与与 ToM 无关的归纳推理（Ferstl & von Cramon, 2002; Siebörger et al., 2007）。我们认为，与 GI 相比，本实验中的 dmPFC 在理解 PI 时的活动，相比于其在理解 GI 时的活动，可能与社会信息和情境语境的激活更相关。具体来说，在理解具有 PI 的间接回答时，dmPFC 与其他 ToM 相关区域（包括 TPJ 和 PreC）共同激活，并且 dmPFC 的神经活动支持类似 ToM 的推理加工，以便推测说话人在特定语境下的心理状态。

4.3　脑刺激（HD-tDCS）实验

鉴于 ToM 相关的推理过程可能在解读 PI 而不是解读 GI 中发挥关键作用，我们实施了两个独立的脑刺激实验，使用高分辨率经颅直流电刺激（HD-tDCS）技术来进一步检验 ToM 相关的大脑区域（右侧 TPJ）的活动状态影响个体理解 PI 和 GI 的因果性作用。相比于常规 tDCS（conventional tDCS），HD-tDCS 能够更加精确地影响特定脑区的神经活动（Shen et al., 2016; Villamar et al., 2013）。在我们的 fMRI 实验中，右侧 TPJ 在解读 PI 的过程中有选择性地被激活，但在解读 GI 的过程中则没

有被激活。该区域通常被认为是 ToM 网络的关键脑区（Krall et al., 2015;
Lee & McCarthy, 2016; Mar, 2011; Saxe & Powell, 2006），负责从海量信息
中提取并整合社会性信息（Carter & Huettel, 2013; Schaafsma et al., 2015）。
此外，以往研究已经表明，对右侧 TPJ 施加阳极脑刺激（Anodal tDCS）
能够促进社会互动中的 ToM 相关加工（Santiesteban et al., 2012; Sowden
et al., 2015），并且对右侧 TPJ 施加阴极脑刺激（Cathodal tDCS）能够降
低此种功能（Leloup et al., 2016; Young et al., 2010）。因此，我们选择右
侧 TPJ 区域施加 tDCS。

　　在本实验中，我们分别对右侧 TPJ 施加阳极和阴极脑刺激，探讨该
区域的活动强度是否以及如何因果性地影响被试理解 PI 和 GI 的过程。

4.3.1　方法

4.3.1.1　被试

　　72 名和 95 名在校大学生分别参与了阳极 tDCS 实验和阴极 tDCS 实
验。他们既没有参加过上文的 fMRI 实验，也没有参与过它的前测。由
于实验数据收集不完整或实验任务表现不佳（任务反应时长于平均反应
时三个标准差，或任务正确率低于平均正确率三个标准差），5 名参与阳
极 tDCS 实验的被试和 7 名参与阴极 tDCS 实验的被试被排除在后续的数
据之外。最终，阳极 tDCS 实验得到 67 名被试（37 名女性；平均年龄 =
21.3，SD = 2.4，区间在 18 到 28 岁）的有效数据，阴极 tDCS 实验得到
88 名被试（56 名女性；平均年龄 = 20.7，SD = 2.0，区间在 18 到 28 岁）
的有效数据。对于阳极 tDCS 实验，一组被试（34 人，22 名女性）接受
了施加于右侧 TPJ 的阳极脑部刺激（Anodal tDCS），而另一组（33 人，
15 名女性）接受了施加于相同部位的伪刺激（sham stimulation）。对于阴
极 tDCS 实验，一组被试（46 人，26 名女性）接受了施加于右侧 TPJ 的
阴极脑部刺激（Cathodal tDCS），而另一组（42 人，30 名女性）接受了
施加于相同部位的伪刺激。

　　所有被试均是右利手，视力或矫正视力正常，听力正常，没有神经
病史或心理、认知障碍，并且是汉语普通话母语者。这项研究已获得北

京大学心理与认知科学学院伦理委员会的批准。所有实验参与者在参与实验前均已签署书面的知情同意书。

4.3.1.2 实验设计与材料

两个 HD-tDCS 均采用混合设计，脑刺激类型为被试间变量，会话含意的有无与类型为被试内变量。被试内变量的设置与上文的 fMRI 实验相同（见 4.2.1.2）。实验材料也均选自于上文的 fMRI 实验，其中从 PI/PIC 组中选出 24 对对话情景材料，从 GI/GIC 组中同样选出 24 对对话情景材料，以及选出 24 个填充材料。阳极 tDCS 实验和阴极 tDCS 实验采用的实验材料完全相同。

4.3.1.3 实验流程

我们实施了两个独立的 HD-tDCS 实验。两项实验都是双盲的；也就是说，被试和为被试讲解指导语的实验主试均不知道被试将接受何种类型的脑刺激（阳极刺激、阴极刺激，还是伪刺激）。我们将多通道适配器（SoterixMedical, 4 × 1-C3, New York）与由电池供电的刺激器（SoterixMedical, Model 1300-A, New York）相连，通过多通道适配器对被试施加 HD-tDCS。5 个 Ag-AgCl 电极嵌入到国际 10–20 系统的 EEG 帽中，并用电极凝胶使之接触到头皮。根据先前的 tDCS 研究，为了给右侧 TPJ 施加刺激，一个中心电极被放置在 CP6 处，其周围的四个外周电极分别被放置在 C4、T8、P8 和 P4 处（Price et al., 2016; Santiesteban et al., 2012; Sowden et al., 2015）。4 个外周电极组成了一个四边形，覆盖了以中央电极为中心，对角线一半约为 6 cm 的头皮空间。电流极性由中央电极的极性决定。对于阳极 / 阴极刺激，直流电流在 30 s 内攀升至 1.5 mA，并在下降之前保持恒定 20 分钟。脑刺激在听觉理解任务开始前 5 分钟开始，并持续施 20 min，可以覆盖听觉理解任务的整个过程（听觉理解任务包含 72 个对话情景试次，约持续 15 min；心理理论任务与 fMRI 实验完全相同，约持续 6 min）。对于伪刺激，被试仅在开始时接受 30 秒的增强刺激和 30 秒的减弱刺激；在剩下的实验过程中，刺激器都不释放任何电刺激。这样的伪刺激操纵已经在很多研究中被证明可以作为有效的伪刺激施加方式（Gandiga et al., 2006; Nihonsugi et al., 2015）。无论是阳极 / 阴极刺激组还是伪刺激组的被试，都可能在电刺激刚开始释放时在被刺激区域的头皮处感觉到痒或疼，并且这样的不适感会很快消失。

被试依次完成听觉理解任务和 ToM 任务。听力理解任务和 ToM 任务的流程几乎与 fMRI 实验完全相同。不同之处仅在于，在 HD-tDCS 实验中，听觉理解任务包括每个实验条件 12 个试次和 24 个填充试次。对于听觉理解任务和 ToM 任务，我们采集了每个试次的任务正确率和反应时。

4.3.1.4　数据分析

我们采用重复测量方差分析（repeated measured ANOVA）对两个 HD-tDCS 实验中听觉理解任务的正确率和反应时进行分析。在反应时分析中，判断错误的试次和未做反应的试次被剔除。我们还分析了 ToM 任务的正确率，以量化个体在 ToM 任务中的表现，并进一步验证施加于右侧 TPJ 的脑刺激的影响。我们没有将 ToM 任务的反应时作为因变量的原因是，在某些情况下没有足够的反应正确的试次用来分析，特别是当接受施加于右侧 TPJ 的阴极刺激的被试解读错误信念故事时。当不满足球形假设（assumption of sphericity）时，采用 Greenhouse-Geisser 法对 F 检验的自由度进行校正。

为了进一步确定 ToM 加工在理解 PI 中的作用，我们使用 SPSS 软件的 INDIRECT 宏（http://www.afhayes.com）进行了 20,000 次 bootstrap 迭代的中介分析（Preacher & Hayes, 2008）。针对阳极实验和阴极实验，分别检验了两个单独的简单中介模型，将脑刺激类型作为自变量（对于阳极 tDCS 实验，用 1 代表阳极刺激，用 0 代表伪刺激；对于阴极 tDCS 实验，用 1 代表阴极刺激，用 0 代表伪刺激），PI vs. PIC 对比的反应时差异作为因变量，以及错误信念和控制条件之间的正确率差异作为中介变量。

4.3.2　结果

4.3.2.1　右侧 TPJ 活动对心理理论任务的影响

为了检验我们的实验操纵是否成功，确定对右侧 TPJ 施加的脑刺激是否以及如何影响了心理理论加工，我们首先分别分析了阳极 tDCS 实验和阴极 tDCS 实验中的 ToM 任务的行为数据。

我们分别对阳极 tDCS 实验和阴极 tDCS 实验中的每名被试在各条件下的正确率进行了两个独立的 2（tDCS 类型：阳极 / 阴极刺激 vs. 伪刺激）×2（推理类型：错误信念 vs. 控制条件）混合重复测量方差分析。对于阳极 tDCS 实验（如图 4.5 左图所示），tDCS 类型和推理类型两个因素的交互作用呈边缘显著，$F(1, 65) = 3.48$, $p = 0.067$, partial $\eta^2 = 0.05$。进一步的简单效应分析显示，对于伪刺激组，被试在错误信念条件下的任务正确率（70.6% ± 2.7%）显著低于控制条件（81.2% ± 2.2%; $F[1, 65] = 16.77$, $p < 0.001$, partial $\eta^2 = 0.21$）；而对于阳极刺激组，被试在错误信念条件（80.0% ± 2.6%）与控制条件（83.8% ± 2.1%）下的任务正确率不存在显著的差异（$F[1, 65] = 2.25$, $p = 0.14$, partial $\eta^2 = 0.03$）。对于阴极 tDCS 实验（如图 4.5 右图所示），tDCS 类型和推理类型两个因素的交互作用也呈边缘显著，$F(1, 86) = 3.81$, $p = 0.054$, partial $\eta^2 = 0.04$。进一步的简单效应分析显示，对于伪刺激组，被试在错误信念条件下的任务正确率（71.7% ± 2.7%）显著低于控制条件（81.7% ± 1.9%; $F[1, 86] = 11.89$, $p = 0.001$, partial $\eta^2 = 0.12$）；而这个效应在阳极刺激组中更大（错误信念条件 [65.4% ± 2.6%] vs. 控制条件 [83.3% ± 1.8%]；$F[1, 86] = 41.38$, $p < 0.001$, partial $\eta^2 = 0.33$）。这表明，对右侧 TPJ 施加阳极刺激有针对性地提高了个体的 ToM 任务表现，而对右侧 TPJ 施加阴极刺激有针对性地降低了个体的 ToM 任务表现。也就是说，通过 HD-tDCS 增强或抑制右侧 TPJ 功能能够有效地促进或阻碍 ToM 相关的推理过程。

此外，将实验因素作为一个组间变量，进行 2（实验：阳极实验 vs. 阴极实验）×2（tDCS 类型：真刺激 vs. 伪刺激）×2（推理类型：错误信念 vs. 控制条件）的三因素混合重复测量方差分析发现，实验因素与另外两个因素的三重交互作用显著，$F(1, 151) = 6.84$, $p = 0.010$, partial $\eta^2 = 0.04$。这一结果更加确证，阳极 tDCS 实验和阴极 tDCS 实验在错误信念和控制条件间具有不同的刺激效果模式。

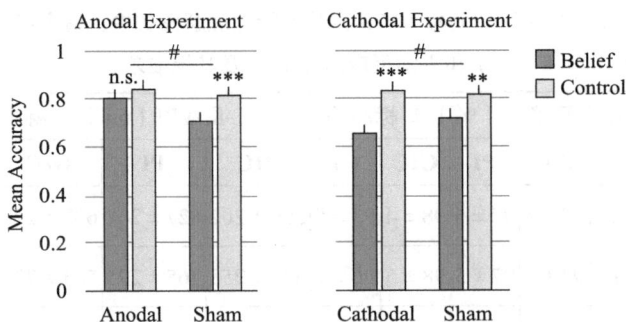

图 4.5　阳极 tDCS 实验（左图）和阴极 tDCS 实验（右图）的心理理论任务中，各组被试在信念条件和控制条件下的任务正确率。图中误差线代表被试间标准误。*** 表示 $p < 0.001$，** 表示 $p < 0.01$，# 表示 $0.05 < p < 0.07$（边缘显著）。

4.3.2.2　右侧 TPJ 活动对会话含意理解的影响

为了考察施加于右侧 TPJ 的脑刺激如何影响个体的会话含意理解过程，我们分别分析了阳极 tDCS 实验和阴极 tDCS 实验的听觉理解任务中的每个被试在四个实验条件下的任务正确率和反应时（见表 4.5）。

被试在每个实验条件下均对 95% 以上的试次做出了正确反应。对两个 HD-tDCS 实验中的各名被试在各条件下的正确率分别进行 2（tDCS 类型：阳极/阴极刺激 vs. 伪刺激）×2（含意组类型：特殊含意组 vs. 一般含意组）×2（有无含意：关键条件 vs. 控制条件）混合重复测量方差分析。对于阳极 tDCS 实验，没有发现显著的因素主效应或交互作用（$ps > 0.09$）。对于阴极 tDCS 实验，有无含意的主效应显著（$F[1, 86] = 17.08, p < 0.001$, partial $\eta^2 = 0.17$），即无含意条件（PIC 和 GIC）下的任务正确率显著高于有含意条件（PI 和 GI）；含意类型组的主效应呈边缘显著（$F[1, 86] = 3.31, p = 0.072$, partial $\eta^2 = 0.04$），即 GI/GIC 组的任务正确率呈现出略高于 PI/PIC 组的趋势；其他主效应及交互作用均没有达到显著水平（$ps > 0.50$）。

表 4.5 阳极 tDCS 实验和阴极 tDCS 实验的听觉理解任务中，每个实验条件下的平均正确率（%）和平均反应时（ms）及其标准差。

实验	tDCS 类型	正确率（%）± 标准差				反应时（ms）± 标准差			
		PIC	PI	GIC	GI	PIC	PI	GIC	GI
阳极实验	Anodal	97 ± 5	97 ± 6	98 ± 4	97 ± 5	566 ± 202	827 ± 264	603 ± 227	700 ± 246
	SHAM	97 ± 6	97 ± 5	98 ± 5	96 ± 7	583 ± 255	765 ± 295	553 ± 228	686 ± 334
阴极实验	Cathodal	97 ± 5	95 ± 7	98 ± 4	96 ± 7	534 ± 153	794 ± 228	584 ± 220	643 ± 211
	SHAM	97 ± 5	94 ± 6	99 ± 4	96 ± 6	514 ± 194	690 ± 216	523 ± 147	610 ± 216

对两个 HD-tDCS 实验中的各名被试在各条件下的反应时分别进行 $2 \times 2 \times 2$ 混合重复测量方差分析。对于阳极 tDCS 实验（如图 4.6 左图所示），含意类型组主效应显著（$F[1, 65] = 9.44, p = 0.003$, partial $\eta^2 = 0.13$），有无含意主效应显著（$F[1, 65] = 98.25, p < 0.001$, partial $\eta^2 = 0.60$），含意类型组与有无含意的交互作用显著（$F[1, 65] = 15.37, p < 0.001$, partial $\eta^2 = 0.19$），以及 tDCS 类型、含意类型组与有无含意的三重交互作用显著（$F[1, 65] = 4.30, p = 0.042$, partial $\eta^2 = 0.06$）。据此，对两个含意类型组的 tDCS 效应分别进行方差分析。结果发现，对于 PI/PIC 组，tDCS 类型与有无含意两个因素之间的交互作用显著，$F(1, 65) = 4.12, p = 0.046$, partial $\eta^2 = 0.06$。进一步的简单效应分析显示，对于伪刺激组，被试在 PI 条件下的平均反应时显著长于 PIC 条件（均值差异 ± 标准误 = 183 ± 27 ms; $F[1, 65] = 44.30, p < 0.001$, partial $\eta^2 = 0.41$）；而这个效应在阳极刺激组中明显更大（均值差异 ± 标准误 = 261 ± 27 ms; $F[1, 65] = 93.08, p < 0.001$, partial $\eta^2 = 0.59$）。这表明施加于右侧 TPJ 的阳极脑刺激减慢了个体对具有 PI 的间接回答的反应速度。对于 GI/GIC 组，仅有无含意的主效应显著（$F[1, 65] = 22.72, p < 0.001$, partial $\eta^2 = 0.26$），即 GI 条件下的平均反应时显著长于 GIC 条件；tDCS 类型的主效应，以及 tDCS 类型与有无含意两因素间的交互作用均未达到显著水平（$ps > 0.4$）。这表明施加于右侧 TPJ 的阳极脑刺激对理解具有 GI 的间接回答没有影响。

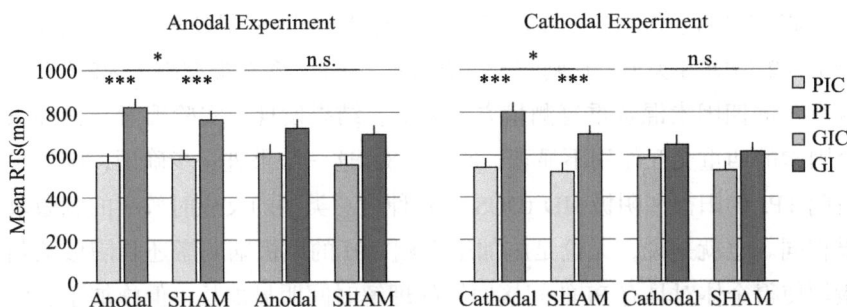

图 4.6 阳极 tDCS 实验（左图）和阴极 tDCS 实验（右图）的听觉理解任务中，各组被试在四个实验条件下的平均反应时。图中误差线代表被试间标准误。*** 表示 $p < 0.001$，* 表示 $p < 0.05$，n.s. 表示 $p > 0.07$（不显著）。

这一结果模式同样出现在阴极 tDCS 实验中（如图 4.6 右图所示）。对反应时进行方差分析显示，含意类型组的主效应显著（$F[1, 86] = 13.13$, $p < 0.001$, partial $\eta^2 = 0.13$），有无含意的主效应显著（$F[1, 86] = 150.14$, $p < 0.001$, partial $\eta^2 = 0.64$），含意类型组与有无含意的交互作用显著（$F[1, 86] = 29.00$, $p < 0.001$, partial $\eta^2 = 0.25$），以及 tDCS 类型与含意类型组与有无含意的三重交互作用显著（$F[1, 86] = 4.28$, $p = 0.042$, partial $\eta^2 = 0.05$）。据此，对两个含意类型组的 tDCS 效应分别进行方差分析。结果发现，对于 PI/PIC 组，tDCS 类型与有无含意两个因素之间的交互作用显著，$F(1, 86) = 4.97$, $p = 0.028$, partial $\eta^2 = 0.06$。进一步的简单效应分析显示，对于伪刺激组，被试在 PI 条件下的平均反应时显著长于 PIC 条件（均值差异 ± 标准误 = 176 ± 27 ms；$F[1, 86] = 42.69$, $p < 0.001$, partial $\eta^2 = 0.33$）；而这个效应在阴极刺激组中明显更大（均值差异 ± 标准误 = 260 ± 26 ms；$F[1, 86] = 101.30$, $p < 0.001$, partial $\eta^2 = 0.54$）。这表明施加于右侧 TPJ 的阴极脑刺激减慢了个体对具有 PI 的间接回答的反应速度。对于 GI/GIC 组，仅有无含意的主效应显著（$F[1, 86] = 17.98$, $p < 0.001$, partial $\eta^2 = 0.17$），即 GI 条件下的平均反应时显著长于 GIC 条件；tDCS 类型的主效应，以及 tDCS 类型与有无含意两因素间的交互作用均未达到显著水平（$ps > 0.2$）。这表明施加于右侧 TPJ 的阴极脑刺激对理解具有 GI 的间接回答没有影响。

将实验因素作为一个组间变量，进行 2（实验：阳极实验 vs. 阴极实验）× 2（tDCS 类型：真刺激 vs. 伪刺激）× 2（含意类型组）× 2（有无含意）的四因素混合重复测量方差分析。结果发现，实验因素与另外三个因素的四重交互作用不显著，$p = 0.98$。这一结果进一步确证，施加于右侧 TPJ 的阳极和阴极 HD-tDCS 对两种含意类型的反应时效应的刺激效果相同。也就是说，无论是施加于右侧 TPJ 的阳极脑刺激还是阴极脑刺激均使得个体对具有 PI 的间接回答的理解时间明显加长，但施加于右侧 TPJ 的 HD-tDCS 对于个体理解 GI 没有明显影响。

4.3.2.3　中介分析

在验证了施加于右侧 TPJ 的脑刺激（阳极 / 阴极）与个体 PI 理解的行为表现之间存在联系之后，为了进一步探讨脑刺激影响 PI 理解的内在机制，我们检验了 HD-tDCS 通过 ToM 能力（错误信念和控制条件下任务正确率的差异）对 PI 理解产生影响的间接路径。

我们进行了 20,000 次 bootstrap 迭代的中介分析。对于阳极 tDCS 实验（如图 4.7 上图所示），ToM 能力的中介效应显著（间接效应估计值 = 22.97 ± 15.77, 95% CI = [0.59, 65.25]）；当回归方程加入中介变量 ToM 能力后，自变量脑刺激类型对因变量 PI 理解的回归系数由 0.24（$t = 2.03$, $p = 0.046$）降至 0.17（$t = 1.46$, $p = 0.148$）。也就是说，施加于右侧 TPJ 的阳极刺激通过提高个体的 ToM 能力最终延长了个体理解具有 PI 的间接回答的时间，并且 ToM 能力的中介作用几乎完全解释了脑刺激对 PI 理解的影响。对于阴极 tDCS 实验（如图 4.7 下图所示），ToM 能力的中介效应显著（间接效应估计值 = 16.84 ± 13.19, 95% CI = [0.41, 57.03]）；当回归方程加入中介变量 ToM 能力后，自变量脑刺激类型对因变量 PI 理解的回归系数由 0.23（$t = 2.23$, $p = 0.028$）降至 0.19（$t = 1.78$, $p = 0.08$）。也就是说，施加于右侧 TPJ 的阴极刺激通过降低个体的 ToM 能力最终延长了个体理解具有 PI 的间接回答的时间，并且 ToM 能力的中介作用几乎完全解释了脑刺激对 PI 理解的影响。类似的分析无法对 GI 理解过程进行，因为施加于右侧 TPJ 的脑刺激对其没有影响。

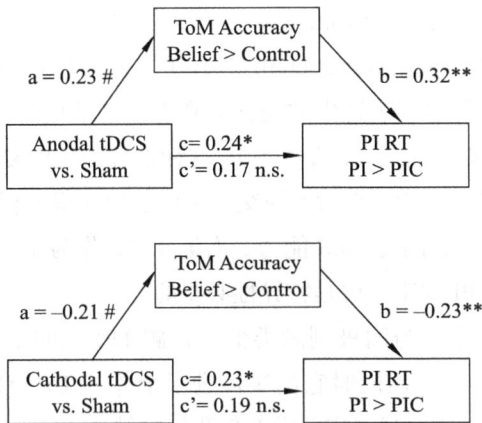

图 4.7 阳极 tDCS 实验（上图）和阴极 tDCS 实验（下图）中，ToM 任务正确率中介 HD-tDCS 对 PI 理解的影响。自变量为 tDCS 类型，中介变量为心理理论任务中错误信念条件（Belief）正确率减去控制条件（Control，基线）正确率的差值，因变量为听觉理解任务中 PI 条件反应时减去 PIC 条件（基线）反应时的差值。其中，** 表示 $p < 0.01$，* 表示 $p < 0.05$，# 表示 $0.05 < p < 0.07$（边缘显著），n.s. 表示 $p > 0.07$（不显著）。

4.3.3 讨论

先前的研究一致表明，对右侧 TPJ 的脑刺激能够因果性地影响 ToM 加工（Leloup et al., 2016; Santiesteban et al., 2012; Sowden et al., 2015; Young et al., 2010）。在本节中，为了通过判别其因果性作用进一步阐明 ToM 网络在 PI 和 GI 理解中的功能，我们选择在右侧 TPJ 区域施加 HD-tDCS。

首先，ToM 任务的结果表明，阳极或阴极脑刺激通过增强或干扰右侧 TPJ 的功能，确实促进或阻碍了 ToM 相关的推理过程，这验证了 HD-tDCS 操作的有效性。更重要的是，阳极和阴极刺激都会导致对具有 PI 的间接回答的反应变慢，并且个体的 ToM 能力中介了 tDCS 对 PI 理解的影响；但是对右侧 TPJ 的阳极或阴极刺激均不影响对具有 GI 的间接回答的反应。根据以往的研究，ToM 能力与语言的语用加工密切相关（Cummings, 2017），诸如反讽理解（Martin & McDonald, 2004; Monetta et al., 2009）、谚语理解（Brüne & Bodenstein, 2005），以及间接言语的解读（Cuerva et al., 2001; Muller et al., 2010）。在解读话语时，听话人总是要推断和识别某种语言表达中的说话人意图。当话语的说话人意义高度依赖于特定语境时（如在 PI 条件下），这种推理加工的复杂性就会增加。因此，在 PI 理解过程中，听话人的交际语用表现在很大程度上依赖于她 / 他辨别说话人当前意图的 ToM 能力。右侧 TPJ，作为 ToM 网络的核心区域，对于个体的 PI 加工来说是特异性必要的。

令人惊讶的是，与阴极刺激类似，右侧 TPJ 上的阳极刺激（激活）同样阻碍了 PI 加工，但同时它确实促进了个体的 ToM 能力。这一发现与我们的预测不一致，尽管它并没有使我们的结论无效，即改变右侧 TPJ 的神经活动强度能够影响 PI 加工，但不能够影响 GI 加工。对于这一发现，一种可能的解释是，个体通过阳极刺激增强的 ToM 能力可能远远超出解读实验刺激中的 PI 所需要的能力，并可能导致她 / 他对具有 PI 的间接回答背后所隐藏的说话人意图产生过度思虑（overthinking; Talber, 2017）。有鉴于听话人在日常生活中的很多情况下并不能够知道说话人意义的标准答案，当他们拥有足够的 ToM 加工资源时，他们可能会倾向于考虑话语所传达的说话人意义的更多可能解释。这可能意味着 ToM 能力和 PI 理解效率之间的关系是呈倒 U 形的，而不是简单的线性正相关关系。换句话说，恰到好处的 ToM 能力有助于 PI 理解，它使得个体在理解缺乏关联的话语时既不会难以从纷杂的语境中找出所需要的社会性信息，也不会因为潜在的多种可能解读而感到犹疑；而当个体的 ToM 能力相对过高或过低时，她 / 他将难以在相对短的时间内为具有 PI 的间接话语找到恰当的解读。这就导致，在本实验中，无论是提高还是降低 ToM 能力，实验参与者理解 PI 所需要的时间都延长了。另一方面，这种倒 U 形关系也可以解释为什么一些以往研究未能在健康人群中观察到 ToM 能力和语言的交际语用技能之间存在稳定的线性关系（例如，Brüne & Bodenstein, 2005; Gavilán & García-Albea, 2011; Piovan et al., 2016）。

另一个可能的解释是，听话人可能是通过在语言主导策略和 ToM 主导策略之间灵活切换来实现对话语中 PI 的理解，并且这种灵活切换的机制取决于哪种策略在给定语境中最有效。刺激这两个系统（语言和 ToM）中的一个将会破坏其认知灵活性。例如，考虑表 4.1 中所给出的示例。要成功理解这段对话，可以使用两种不同的策略。以语言为主导的策略主要依赖于成功地从局部和全局语境中提取关键的语义信息。针对这段对话内容，关键语义信息指的是，对话中提到的电影是一部文艺片。如果成功提取到这个上下文信息，就会知道答句等于"观众很难真正喜欢你的电影"这句话。相比之下，以 ToM 为主导的策略所需要的语境语义信息是有限的。考虑一种极端的情况，实验参与者对对话背景一无所知或者在听到问答时已经完全忘记了背景介绍的内容。为了完成这项对话理解任务，他们可以利用这样的知识：人们倾向于使用间接的表达方式来表达令人不愉快或冒犯他人的意思。通过利用 ToM 来分析问题背后的心理状态，他们就会知道"否"是适当的答案。因此，看似间接或模棱两可的回答更有可能意味着负面的答案。个体可能以一种灵活的方式调用这两种策略：语言主导的策略需要更多的记忆负荷，但可以提供更准确的信息；ToM 主导的策略需要较少的语境语义信息，但需要更多地思考说话人的心理状态和期望。基于这个假设，如果施加于右侧 TPJ 的阳极刺激增强了 ToM 网络的神经活动，继而促进了 ToM 主导的策略，那么实验参与者就可能需要更多的时间来理解 PI，并判断这个答案是否是正确的。当然，以上提供的两种解释都只是猜测，现阶段缺乏直接而充分的理据支持；ToM 系统和 PI 理解之间潜在的互动机制需要进一步探索，例如：大样本的行为实验。

　　此外，在本实验中，听觉理解任务和 ToM 任务阶段相对于脑刺激施加的时间不同，即完成听觉理解任务时被试正在接受 HD-tDCS，而完成 ToM 任务时被试 HD-tDCS 已经结束。因此，我们需要考虑是存在一种可能性，即由于刺激积累的时间不足，导致在听觉理解任务阶段 HD-tDCS 的刺激效果尚不稳定，从而致使 ToM 能力增强不仅没有提高 PI 理解的效率，反而降低了它的效率。针对这种可能性，我们将听觉理解任务的所有试次按照呈现的时间先后分为前后两个组块，并将组块作为组内变量对反应时再次进行重复测量方差分析。结果发现，组块与实验操纵的其他因素（tDCS 类型、含意类型组和有无含意）之间的交互作用均不显著（$ps > 0.1$）。这表明，在听觉理解任务阶段，HD-tDCS 的刺激效果没有呈现出随着刺激时间延长而变化的趋势；也就是说，在实验任务阶段，HD-tDCS 对神经活动的影响已经稳定下来了。因此，我们有理由认为，这个实验结果不是由 HD-tDCS 的效果在两个任务间不一致造成的。

4.4　小结

在本研究中，我们围绕特殊和一般会话含意理解过程的异同开展了一项脑成像（fMRI）实验和一项脑刺激（HD-tDCS）实验。fMRI 实验的结果表明，PI 和 GI 的理解共享语言加工组件，但在涉及（PI 理解）或不涉及（GI 理解）ToM 相关推理过程方面存在差异。两个 HD-tDCS 实验的结果还提供了因果性证据，表明刺激关键 ToM 脑区（右侧 TPJ）可以通过调节个体的 ToM 能力来特异性地影响 PI 理解。这些发现对默认理论、关联理论和语义最小论之间关于 PI 和 GI 加工在多大程度上共享相同的认知神经过程的语言学争论具有根本意义。PI 和 GI 加工既不像关联理论预测的那样完全相同，也不像默认理论预测的那样完全不同。我们的研究发现似乎与语义最小论非常吻合，因为生成 PI 和 GI 共享相同的核心语言系统，负责丰富话语的语义内容；这些内容被进一步送到两个系统——一个用于生成 PI 的一般化语用系统和一个用于生成 GI 的更局限的系统（Borg, 2004, 2009）。

本研究的一个重要发现是，PI 和 GI 理解共享一个语言加工系统。这得到了四项证据的支持。首先，相对于各自的对照，PI 和 GI 理解通常会激活核心的语言脑区（双侧 IFG 和左侧 MTG）。其次，经训练得到的用以区分 PI 和 PIC 的 PI 分类器可以区分 GI 与其控制条件，同时经训练得到的用以区分 GI 和 GIC 的 GI 分类器也可以区分 PI 与其控制条件。第三，PI 和 GI 分类器均与 Neurosynth 元分析数据库定义的典型的语言相关大脑模式呈正相关。第四，"语言"典型模式可以将 PI/GI 与其各自的控制条件区分开来，但它无法有效地区分这两种类型的含意。综合上述证据，本研究表明 PI 和 GI 理解之间的共享语言加工系统。这一结论符合关联理论和语义最小论的观点，即生成 GI 应该至少部分地调用了与生成 PI 相同的认知过程（Borg, 2009; Sperber & Wilson, 1986）。然而，默认理论没有为 PI 和 GI 生成的共享加工提供理论空间（Levinson, 2000）。考虑到实验设置了与含意条件字面语义内容相同或相似的控制条件，PI 和 GI 共享的语言加工系统可能反映了复原间接言语的最佳解读所需的语义激活、选择和整合的过程。

除了双侧 IFG 和左侧 MTG 之外，我们发现 dmPFC 也在 PI 和 GI 理解过程中被共同激活。这组共同激活的脑区在很大程度上与所谓的通用推理网络重叠（Mason & Just，2011）。在评估意图推理和物理推理时，Mason 和 Just（2011）观察到一组同时支持这两种类型推理的脑区激活。这个共享的网络，由双侧 IFG、左侧颞上回（STG）、双侧颞叶前部和 mPFC 组成，负责在不同任务需求的情况下成功进行推理（Ferstl & von Cramon, 2001, 2002; Mason & Just, 2011）。当前研究中的 PI 和 GI 理解可能涉及这样一个通用推理网络，其功能可能在很大程度上依赖于语言网络。这个论点支持了语义最小论的观点，即 GI 是 PI 的一种抽象：个体在开始时将 GI 作为 PI 生成，但后来他们学习到通过了解一些通用规则来实现 GI 生成（Borg, 2009）。

更重要的是，当前的研究表明，PI 和 GI 生成之间的关键区别在于 ToM 加工的参与。首先，fMRI 实验表明，无论是在全脑水平还是在共同激活的 dmPFC 区域内，ToM 相关的神经表征仅体现在 PI 理解时，而不体现在 GI 理解时。其次，HD-tDCS 实验表明，对右侧 TPJ 的脑刺激通过影响个体的 ToM 能力影响 PI 理解，但不会影响 GI 理解。这些发现一致表明，PI 和 GI 生成的认知过程是不同的，这支持了格赖斯对 PI 和 GI 的直觉性划分。因此，这些发现与默认理论或语义最小论的观点相一致。总体而言，本研究的证据表明，与默认理论和关联理论相比，语义最小论为 PI 和 GI 生成的认知过程以及这两类会话含意之间的关系提供了更符合实验证据的理论描述。

值得一提的是，我们在 fMRI 实验和 HD-tDCS 实验中使用语言的错误信念任务来研究与 ToM 加工相关的神经表征，并测量个体的 ToM 能力。在这个 ToM 任务中，错误信念条件包含描述错误信念的简短语篇，而控制条件包含描述过去时间的照片和地图的简短语篇（Dodell-Feder et al., 2011）。尽管这种任务设计大致匹配了关于过去时间表征的领域一般性推理（domain-general inferences），但错误信念条件和控制条件下的刺激材料并没有在语言变量方面进行严格匹配。此前，一项 fMRI 研究（Lin et al., 2018），在匹配了一些基本语言的变量（例如，语篇长度、句子数量、词频和每个单词的笔画数）后，发现从故事的起始句开始，双侧颞上沟（superior temporal sulci）前部和 TPJ 就在错误信念条件下表现出比控制条件下更强的激活。可是，错误信念推理应该在错误信念故事的结尾句才开始发生。这一发现表明，这些与 ToM 相关的大脑激活还可能反映推理加工以外的认知神经过程，例如：社会概念提取。然而，对于当前的研究，我们有理由相信 PI 理解并不仅仅涉及社会概念的提取，而是调用了类似 ToM 的推理过程。首先，我们的 fMRI 实验使用来自 Neurosynth 元分析数据库的 ToM 典型模式和语言典型模式进行数据分析，避免了 ToM 定位任务中 ToM 和语言加工之间潜在的混淆。其次，在本研究中，对比 PI > PIC 基本上诱发了完整的 ToM 网络的激活，而不仅仅是上述与社会概念检索相关的脑区。第三，与社会概念检索无关的 dmPFC 同样在解读具有 PI 的间接回答时表现出 ToM 加工的神经模式。

此外，认知 / 执行控制系统（cognitive/executive control system）在含意理解中的作用是一个值得关注的问题。认知控制系统，通常由 dmPFC、IFG、前运动皮层和 IPL 组成，被认为支持适应性行为，使个体能够应对变化和挑战。以往研究表明，脑损伤后的语用困难是由于领域一般性的认知 / 注意力控制缺陷造成的（参见 Martin & McDonald, 2003）。因此，可以合理地预测认知控制系统在含意理解中发挥作用。然而，目前的研究没有提供强有力的证据表明认知控制系统直接参与到 PI 或 GI 生成的过程中。更具体地说，使用 Neurosynth 数据库进行的模式相似性分析并未揭示 PI/GI 权重图与"认知控制"或"注意"相关的典型大脑模式之间存在任何显著的相关性（如图 4.2D 所示）。尽管如此，PPI 分析发现，相比于 GI 理解，在 PI 理解过程中，ToM 相关脑区（dmPFC）显示出与领域一般性的认知控制网络之间的功能连接明显增强。这些发现表明，认知控制系统可能通过调节 dmPFC 活动间接地参与含意理解。

　　综上所述，在这项研究中，我们确定了 PI 和 GI 理解背后共享和分离的认知神经过程。通过对 fMRI 数据进行单变量分析和 MVPA，我们证实 PI 和 GI 加工涉及共享的语言加工组件，但 PI 理解，而不是 GI 理解，需要与 ToM 和意图推理相关的认知神经过程。此外，基于感兴趣区的功能性磁共振成像 MVPA 和功能连接结果表明，相对于 GI 加工，在 PI 加工时，dmPFC 中的计算过程可能更多地依赖于情境或社会信息的知识。进而，HD-tDCS 实验结果提供了因果性证据，表明对右侧 TPJ 施加的阳极和阴极 HD-tDCS 都会导致解读 PI 的过程变慢，但二者都不会对 GI 理解产生影响。我们的研究结果不仅为理解会话含意的认知神经机制提供了更加深入的见解，而且对于从神经科学的角度审视 PI 和 GI 之间的语言学区分也具有更广泛的启示。

第 5 章 特殊会话含意理解中的语境信息加工[1]

5.1 引言

在第 4 章中，通过与一般含意进行比较，我们揭示了特殊含意理解过程的特殊性，即特殊含意理解不仅需要语言加工的参与，同时也需要心理理论加工的参与。从语言语用学理论的角度看，特殊含意的特殊性就在于其理解过程需要根据当前特定语境的信息对说话人的心理状态进行推测（Levinson, 2000; Borg, 2009）。由此，一个重要的问题是，在特殊会话含意理解的过程中，语境信息如何被提取和加工。因而，本研究的主要目的在于探究特殊会话含意理解过程中语境信息加工的神经基础，以及其所涉及的认知过程是较为自动的，还是需要明确交际目的驱动的。

以往的神经语言学研究中，较少研究精细考察含意理解中的语境加工（例如，Jang et al., 2013 操纵了话语语境关联程度；Bašnáková et al., 2014 操纵了说话人的社会动机）。此外，这些研究对于语境的操纵不够严谨，往往涉及多个类型语境信息的共变，比如 Jang 等人（2013）的研究操纵了话语语境关联程度，但没有考虑并控制产生间接言语的社会动机。另一方面，以往研究者也从认知加工自动化程度的角度探究特殊含意理解的不同成分。Wakusawa 等人（2007）通过比较两种任务下被试加工反讽时的大脑激活，探究了反讽理解中涉及自动化加工和有意加工的脑区。

---

1 本章的部分内容已发表，见 Feng, W., Wu, Y., Jan, C., Yu, H., Jiang, X., & Zhou, X. (2017). The effects of contextual relevance on pragmatic inference during conversation: An fMRI study. *Brain and Language*, 171, 52-61.

结果发现，无论是在情景判断任务（判断所呈现的话语是否具有情景恰当性）还是字面语义判断任务（判断所呈现的话语是否从字面意思上正确描述了给定的情景）都会激活右侧 MTG，而 mPFC 只有在情景判断任务中才被激活。由此，研究者认为 mPFC 反映了个体对对话情境信息的有意加工，而右侧 MTG 反映了个体在反讽理解时对语境信息的自动化评估。

　　为了解决以上提到的问题，我们在本研究的实验中操纵了两个因素，一是与说话人社会动机无关的话语与语境之间的语义关联程度，二是听话人完成的在线任务是否需要他 / 她有意理解话语中的特殊含意。与研究一相同，本研究同样采用日常对话作为实验材料，每段对话包含背景介绍、问题和回答三个部分。在每套对话材料中，根据背景介绍和回答前面的问题（分别代表情景语境和直接语境；见表 5.1），某一关键话语可以被视作直接回答（direct reply, DR）、相关回答（relevant reply, RR）、有语境线索的无关回答（irrelevant reply with contextual hints, IRC）或无语境线索的无关回答（irrelevant reply without contextual hints, IRNC），其中 RR、IRC 和 IRNC 代表了具有特殊含意的间接回答（indirect reply，IR）的不同语境关联程度等级。在 DR、RR 和 IRC 条件下，每套材料的背景介绍都是相同的，为了符合不同条件下的回答，我们创造了不同的前置问题。例如，"欣赏美声唱法的人越来越多了"这句话对问题"欣赏美声唱法的人在增多吗？"的直接回答，对问题"观众们喜欢我的美声唱法吗？"的间接但字面相关的回答，以及对问题"观众们会给我投票吗？"的字面无关的回答。在 RR 条件中，回答（关键话语）和其前置问题在词语使用上存在重叠；而 IRC/IRNC 条件中，回答和其前置问题在词语使用上没有重叠。因此，理解无关回答（IRC / IRNC 条件）的特殊含意，与相关回答相比（RR 条件），可能需要更多的语义和推理加工来将话语与前面的问题连接起来。IRC 和 IRNC 条件共享相同的对话内容，但与 IRNC 条件不同，IRC 条件中的背景介绍提供了将回答与其直接语境（即其前置问题）相关联的信息。例如，IRC 条件的背景介绍——"海选现场，一名唱美声的参选者走出演播室，下面是他和朋友的对话。"——承载有

"对话主角是歌剧演员"的关键信息，这为问题中的"为我投票"和回答中的"欣赏美声唱法"之间建立了相关性。但是，IRNC 条件的背景介绍则没有包含这些重要的信息。根据实验材料的设置，在理解 RR 条件下的话语特殊含意时，个体能够从直接语境（问题）、情景语境乃至文化语境中获得所需的信息；在理解 IRC 条件下的话语特殊含意时，个体更加需要从较前的情景语境（关于说话人身份、对话双方的关系或共同知识）和文化语境获得信息；而理解 IRNC 条件下的话语特殊含意时，个体则需要更加充分地利用当前的文化语境和交际经验。也就是说，语境关联程度的降低意味着个体对获取更加广泛的语境信息的需求增加。在实验材料的每一套对话中（每一套由四个对话情景组成），所有间接回答都表达了相同的态度或意图（社会动机），而不同组的刺激材料可能涉及不同类型的社会动机，例如：留面子（face-saving）、提供更多信息或者表示谦虚。对于上述"美声"的例子，如果说话人不能确定观众的个人品味（RR 条件）或比赛结果（IRC 和 IRNC 条件），同时他 / 她仍然希望传达对歌手表现的积极评价，并提供更多信息来支持他 / 她的态度，那么他 / 她就会使用间接回答作答。对于所有的实验条件（DR、RR、IRC 和 IRNC）而言，共同之处在于其前置问题都强烈地期望一个"是"或"否"的答案，并且关键话语都给出了确定的答案（对于我们的例子而言，关键话语在所有四种情况下都相当于对其前置问题说"是"）。

为了分离哪些认知过程能够更加自动化地发生，我们在实验中还操纵了听话人完成的在线任务是否需要他 / 她有意理解话语中的特殊含意。首先，我们认为特殊含意的有意加工应该反映在任务依赖（task-dependent）的激活中。因此，我们使用了一个听觉理解任务，在这个任务中要求被试认真听取每一段对话，并立即判断回答者想用她 / 他的话语表达"是"还是"否"。另外，我们使用了一个词类判断任务，在这个任务中，被试仅需要听取对话，并立即判断答句的最后一个词语是实词还是虚词（function words）。使用组块设计，我们将听觉理解任务与词类判断任务进行对比，以检验有意加工（intentional processing），因为特殊含意的理解对于听觉理解任务是必不可少的，但与判断词类无关。然而，在词类判断任务中，被试无需理解话语的意义，并且因为不同条件下的关键句相同，所以我们认为这一任务涉及的加工过程在条件间不应该存在差异。因此，如果我们观察到听觉理解任务和词类判断任务中共同存在的条件间差异，那么这些差异则应该反映了在含意理解过程中的较为自动化的认知过程。特殊含意理解中涉及的认知过程可能与任务有关（仅在听觉理解任务中能观察到）或与任务无关（任何任务中都能观察到）。

在本研究中，我们将通过行为实验（实验三）和脑成像实验（实验四）考察特殊含意理解过程中语境关联加工的认知机制和神经基础。对此，我们提出以下假设：在行为层面上，在听觉理解任务中，随着语境关联程度的降低，理解特殊含意可以依赖的直接信息会减少而理解难度会增大，从而被试的任务反应时会增加；在词类判断任务中，如果特殊含意理解的认知成分中存在较为自动化的部分，那么就有可能观察到被试任务反应时受到语境关联程度的影响，反之则不然。在神经层面上，很多研究已经表明，MTG 参与精细（左侧）和粗略（右侧）的语义激活（Jung-Beeman & Chiarello, 1998），进而促进语义关联的建立。其次，以往研究发现，IFG 被发现与语义信息提取（Wagner et al., 2001）、语义整合（Hagoort et al., 2004; Zhu et al., 2012）和选择（Kan & Thompson-Schill, 2004; Thompson-Schill et al., 1997）相关。更具体地说，双侧 IFG 中的激活可能反映了在含意理解期间将语义信息整合到语境中的较高的认知需求（Menenti et al., 2009; Rapp et al., 2004, 2007, 2012）。因此，我们预期 MTG 和 IFG 会表征特殊含意理解中的不同程度的语境信息加工。此外，心理理论脑网络的活动强度是否受到语境关联降低的影响（如 Jang et al., 2013 的发现），也是本研究中一个期望回答的问题。从这些认知加工的性质上看，根据以往研究（Wakusawa et al., 2007），我们预期心理理论脑网络应该仅在有意理解的情况下参与，而 MTG 则可能在有意或无意理解的情况下都自动化地对语境信息进行评估。

5.2 行为实验

5.2.1 方法

5.2.1.1 被试

共有 24 名来自北京的大学在校学生参加了实验（女性 15 名，男性 9 名；年龄范围为 19–26 岁，平均年龄 22.7 岁）。其中一名被试的数据被排除在后续分析之外，由于其在一个条件下的平均反应时超过群体平均反应时的三个标准差之外。所有被试均惯用右手，均视力正常或矫正视力正常，听力正常，均没有神经病史或心理、认知障碍，并且均是汉语普通话母语者。这项研究已获得北京大学心理与认知科学学院伦理委员会的批准。所有实验参与者在参与实验前均已签署书面的知情同意书。

5.2.1.2 实验设计与材料

本实验采用 2（在线任务：听觉理解任务和词类判断任务）× 4（语境关联程度：直接回答、相关回答、具有语境线索的无关回答和无语境线索的无关回答）被试内设计。本实验使用 160 套对话情景作为实验刺激材料，这些材料根据一个前测的结果选定（前测方法及结果见 5.2.1.3）。每套材料包含四个对话情景，同一套材料中的四个对话情景共享同一个关键话语，并且具有不同的情景或不同的问题（见表 5.1，更多材料示例见附录）。

每套材料包含三个成分：一个背景介绍，一个简单疑问句（是否问句），和一个作为关键话语的直接/间接回答。背景介绍简要介绍了对话发生的地点或时间，问话者和回答者的身份、地位，以及两人在谈论的事情等背景信息。每个对话对应一个特定的实验条件。实验设计中，我们通过操纵语境与关键话语之间的关联程度产生了四个实验条件，分别是一个作为基线的直接回答条件（direct reply, DR）和三类间接回答条件。直接回答几乎不需要推理过程就可以理解说话人的意图。三个间接回答条件是根据关键话语和其语境之间的字面上的语境关联程度编写并定义的：相关回答（the relevant reply, RR）、具有语境线索的无关回答（the irrelevant reply with contextual hint, IRC ）和无语境线索的无关回答（the irrelevant reply without contextual hint, IRNC ）。具体而言，RR 条件中的关键话语在内容上与问题字面相关，但 IRC/IRNC 条件中的关键话语（这两种条件共享相同的对话）则看似在内容上与其前面的问题无关。IRC 和 IRNC 条件之间唯一的区别在于背景介绍，背景介绍在 IRC 条件下暗示了问题与其答复之间的相关性，而在 IRNC 条件下则没有。在每套材料中，所有间接回答都出于相同或相似的社会动机（体现在传达了相同或相似的交际态度或意图），而不同套材料可能涉及不同类型的社会动机。对于选定的材料（共 160 套）而言，41 套的间接回答用于保护面子的情况，涉及礼貌性的拒绝而不冒犯提问者（例如，"我这篇论文写得好吗？"，"写一篇好的论文很难"）；64 套用于提供更多支持他 / 她的态度 / 论点的信息，而不仅仅是一个简单的 "是 / 否"（如上面的 "歌剧" 例子）；28 套用于表达高度赞扬（例如，"你喜欢我的诗歌吗？"，"我已经可以背诵你的诗歌了"）；27 套用于保护自己的面子（例如，"你期中考试考得好吗？"，"中期考试考了奥数题目"）或表示谦虚（例如，"你准备好今天下午的考试了吗？"，"下午要考的内容不多"）。需要指出的是，上述所有这些社会动机在中国文化语境中都是非常自然的。每个直接或间接的回答都为问题提供了明确的答案。其中，一半回答答复 "是"，而另一半回答答复 "否"；并且一半回答的最后一个词语是实词，而另一半是虚词。

表 5.1　四种不同类型回答条件的示例。关键话语加粗，同时四个条件间语境的主要差异用斜体标出。

条件		背景介绍	对话
直接回答 (DR)		海选现场，一名唱美声的参选者走出演播室，下面是他和朋友的对话。	问题：*欣赏美声唱法的人在增多吗？* 回答：**欣赏美声唱法的人越来越多了。**
间接回答	RR	海选现场，一名唱美声的参选者走出演播室，下面是他和朋友的对话。	问题：*观众们喜欢我的美声唱法吗？* 回答：**欣赏美声唱法的人越来越多了。**

（待续）

（续表）

条件		背景介绍	对话
间接回答	IRC	海选现场，一名唱美声的参选者走出演播室，下面是他和朋友的对话。	问题：观众们会给我投票吗？ 回答：**欣赏美声唱法的人越来越多了。**
	IRNC	海选现场，一名参选者走出演播室，下面是他和朋友的对话。	问题：观众们会给我投票吗？ 回答：**欣赏美声唱法的人越来越多了。**

为了确证实验中对语境关联程度的操纵，采用潜语义分析（Latent Semantic Analysis, LSA; Deerwester et al., 1990）计算出语境（包括背景介绍和问题）和回答之间的余弦相似性，这一分析方法训练基于一个综合语料库（中文维基的全部文本；https://dumps.wikimedia.org）。对四种条件下的平均余弦相似性进行重复测量方差分析（ANOVA）显示显著的条件间主效应，$F(3, 477) = 46.11$, $p < 0.001$（见图 5.1A），其中语境和回答间的语义相似性随着 DR（mean = 0.34, SD = 0.28）、RR（mean = 0.25, SD = 0.25）、IRC（mean = 0.21, SD = 0.22）和 IRNC（mean = 0.17, SD = 0.18）条件依次递减。四个条件之间的差异都是显著的（$ps < 0.01$，采用 FDR 校正进行多重比较校正）。这些结果客观地量化了四个条件之间的差异。

为了更自然地模拟对话环境，所有的实验刺激材料都通过听觉呈现。我们使用 Steinberg CI2 型号声卡和 RODE NT1-A 型号麦克风录制音频，选用 Adobe Audition 3.0 作为录音软件，音频以 44.1 kHz 采样率和 16 位格式数字化。共 12 名普通话标准的发音人分别在隔音室中自然而流利地朗读对话中的指定部分。其中，背景介绍由一男一女两名发音人录制，对话部分由另外 5 名男性与 5 名女性发音人录制。为了区分问句与答句，录制同一段对话中问句与答句的发音人性别不同。每段音频材料重复录制 3 遍以上。为了使不同发音人录制的音频音量相似、音色清晰明亮，我们使用 Adobe Audition 3.0 对音频进行编辑处理。首先，对整段的原始音频进行了降噪。然后，由两名普通话标准的汉语母语者对原始音频进行了挑选和剪辑。最后，对剪辑出来的每段音频进行重采样（11.0 kHz）、振幅标准化、破音修复及主效果的处理。

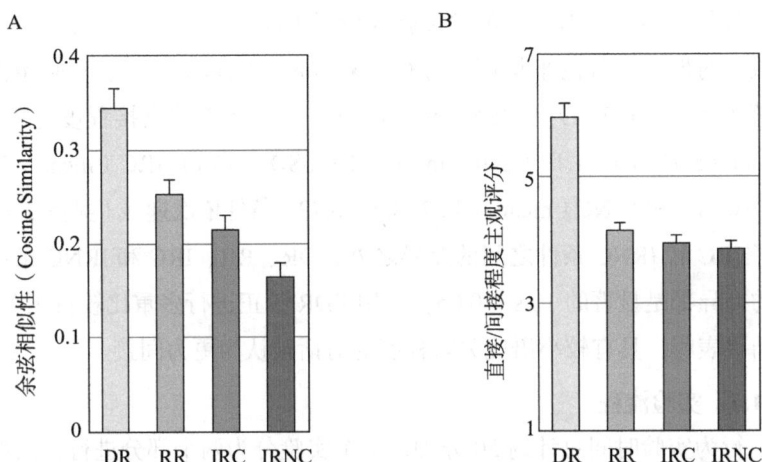

图 5.1　操纵检验。A）语境和回答之间的语义相似性在四个实验条件下依次递减，即在潜语义分析（LSA）中，DR 具有最大的语义相似性而 IRNC 具有最小的语义相似性。B）直接 / 间接程度的主观评分在四个实验条件下依次递减。

5.2.1.3　前测

为了评定对话的间接程度并且选定最终的刺激材料，我们实施了一个前测。34 名不会参加后续行为或 fMRI 实验的在校大学生参加了这个事前评定。我们共编制了 172 套对话情景材料，并通过拉丁方程序将全部材料分为 4 个序列。每个序列被 8 或 9 名被试评定。在评定任务中，被试被要求认真听每一套背景介绍及对话，在日常生活的情境下结合背景介绍理解对话；对话播放完毕后出现按键判断屏，被试按键判断对于问话人 A 的问题，B 答句的真实含意是 "是" 或 "否"，屏幕左右两侧有 "是"、"否" 的字样（按键左右在被试间平衡），被试需要通过按下键盘上的 "←" 或 "→" 键进行反应。随后屏幕上出现包含数字 1–7 的数轴，被试需要在 1–7 点的李克特量表上对答句的直接 / 间接程度进行打分，1 代表 "非常间接"，7 代表 "非常直接"。

为了尽量减少模糊性对理解间接回答的影响，12 套对话情景被排除，因为两个或更多的被试在一个或多个场景中对说话人关键话语含意的理解与其他人不同。因此，正式实验选择了 160 套对话情景。与上述 LSA 一致，对四个条件的平均评分进行重复测量 ANOVA 显示了实验条件的显著主效应，$F(3, 99) = 25.83$，$p < 0.001$，其中回答的直接程度随着 DR（mean = 5.97, SD = 1.19）、RR（mean = 4.17, SD = 0.76）、IRC（mean = 3.96, SD = 0.77）和 IRNC（mean = 3.87, SD = 0.78）条件依次递减（见图 5.1B）。除了 IRC 和 IRNC 条件之间的差异之外，DR、RR、IRC 和 IRNC 条件之间的差异都是显著的（$ps < 0.05$，采用 FDR 校正进行多重比较校正）。这些结果表明，具有较小语境关联程度的对话被认为更为间接。

5.2.1.4 实验流程

行为实验时间总计约 50 分钟，整个实验分为两个部分进行，两部分之间要求被试进行充分休息。所有的对话情景材料根据拉丁方程序被分为 4 个实验序列，每个序列被进一步分为两个部分。每个部分中含有两个任务组块（听觉理解任务和词类判断任务），两个任务的顺序根据拉丁方程序在被试间交叉平衡。每个序列按照下列规则进行伪随机：1）最多连续出现两个同属一个条件的材料；2）最多连续出现三组任务正确按键位置相同的材料；3）最多连续出现两组答句发音人一样的材料。

在每个试次中，被试都会经历以下事件。首先，每个试次开始前呈现 1.5–5.5 s 的 "+" 注视点，之后为 0.1 s 的空屏。随后播放背景介绍的语音，播放的同时屏幕上呈现注视点，之后为 1 s 的空屏。然后播放问句和答句的语音，问句和答句中插入 0.5–1.5 s 的间隔，音频播放时，注视点一直呈现。答句播放的时间段是本实验的关键屏，其音频长度平均值为 2.05 s（最短的答句 1.33 s，最长的答句 3.22 s）。答句播放完毕后，紧接着出现按键判断的反应屏。在听觉理解任务组块中，屏幕左右两侧出现 "是" 和 "否" 的字样（按键与选项的位置对应在被试内固定不变），被试被要求认真听每一套材料，在日常生活的情境下结合背景介绍理解对话，并尽可能准确并快速地判断答句的真实含义是想要回答 "是" 还是 "否"。而在词类判断任务组块中，屏幕左右两侧出现 "实" 和 "虚" 的字样（按键与选项的位置对应在被试内固定不变），被试被要求尽可能准确并快速地判断对话情景中最后一个词语是"实词"还是"虚词"。在两个任务中，被试均通过右手的食指或中指按下键盘上的"←"和"→"键进行反应。按键后，被试所选择的选项将被方框围住，示意按键选择完成，并迅速消失进入下一试次。如果被试没有在 3 s 内进行按键判断，程序将自动进入下一个试次。任务选项和左右按键位置的对应关系在被试间进行了平衡。反应时测量的是任务选项呈现到被试按键反应之间的潜伏时间。

在实验过程中，所有实验材料均为听觉呈现，被试使用入耳式耳机（ER-2, Etymotic Research, Inc.）接受听觉刺激材料。在实验开始前，所有被试都阅读了关于实验程序的书面指导语，并对每个实验任务都进行了练习，直到被试能够正确理解并顺利完成每项实验任务。

5.2.1.5　数据分析

对于每个实验条件，我们采集了任务正确率，同时我们测量了回答呈现完成后到被试做出判断所花费的时间，作为每个实验试次的反应时。我们采用重复测量方差分析（repeated measured ANOVA）对行为数据进行分析。在反应时分析中，错误试次和未反应试次被剔除。当不满足球形假设（assumption of sphericity）时，采用 Greenhouse-Geisser 法对 F 检验的自由度进行校正。如果需要，采用错误发现率（False Discovery Rate, FDR）法进行多重比较校正（Benjamini & Hochberg, 1995）。

5.2.2　结果

首先，统计了 8 种条件下被试按键判断的正确率。听觉理解任务中，DR 条件的任务正确率为 95.6% ± 5.0%，RR 为 96.9% ± 4.7%，IRC 为 96.4% ± 4.1%，IRNC 为 95.5% ± 5.4%；词类判断任务中，DR 条件的任务正确率为 98.3% ± 2.8%，RR 为 97.5% ± 3.1%，IRC 为 98.2% ± 2.8%，IRNC 为 98.4% ± 3.0%。这表明，被试能够正确理解任务要求，并且在绝大部分试次中能够做出正确判断。对正确率进行任务类型（听觉理解任务 vs. 词类判断任务）× 语境关联程度（DR, RR, IRC, vs. IRNC）重复测量方差分析，任务类型的主效应显著，$F(1, 22) = 12.78$, $p = 0.002$，partial $\eta^2 = 0.37$，即听觉理解任务的正确率（96.1%）显著低于词类判断任务（98.1%）。此外，任务类型和语境关联程度的交互作用（$F[3, 66] = 0.91$, $p = 0.44$, partial $\eta^2 = 0.04$）和语境关联程度的主效应（$F[3, 66] = 0.11$, $p = 0.95$, partial $\eta^2 = 0.005$）均不显著。这表明，被试均能够正确地理解并完成词类判断任务和听觉理解任务的任务要求。

然后，反应错误的试次在之后的分析中被排除，并且将每个试次中答句呈现完毕到被试按键之间的时间作为反应时进行了统计（见图 5.2）。对每个条件下每个被试按键反应时的均值进行任务（听觉理解任务 vs. 词类判断任务）× 语境关联程度（DR, RR, IRC, vs. IRNC）重复测量方差分析，两因素交互作用显著，$F(3, 66) = 3.93$, $p = 0.012$, partial $\eta^2 = 0.15$。接着，为了进一步检验简单效应，我们对听觉理解任务和词类判断任务下的语境关联程度效应分别进行了重复测量方差分析。对于听觉理解任务，语境关联程度的主效应显著，$F(3, 66) = 12.18$, $p < 0.001$, partial $\eta^2 = 0.36$，进一步经过 FDR 校正的事后比较显示，DR 条件（418 ± 135 ms）的反应时显著短于 RR 条件（448 ± 132 ms）、IRC（467 ± 153 ms）条件和 IRNC（515 ± 162 ms）条件的反应时，并且 RR 条件和 IRC 条件的反应时显著短于 IRNC 条件，两两比较的 p 值均小于 0.05，仅 RR 条件和 IRC 条件的反应时之间没有显著差异（$p = 0.18$）。对于词类判断任务，语境关联程度的主效应显著，$F(3, 66) = 4.16$, $p < 0.009$, partial $\eta^2 = 0.16$，进一步经过 FDR 校正的事后比较显示，DR 条件（393 ± 109 ms）的反应时显著短于 RR 条件（438 ± 113 ms）和 IRNC（433 ± 108 ms）条件的反应时，两两比较的 p 值均小于 0.01，而其他比较均没有显著差异（$p > 0.1$）。这些结果表明，听觉理解任务和词类判断任务的反应时受到语境关联程度调节的模式不同。

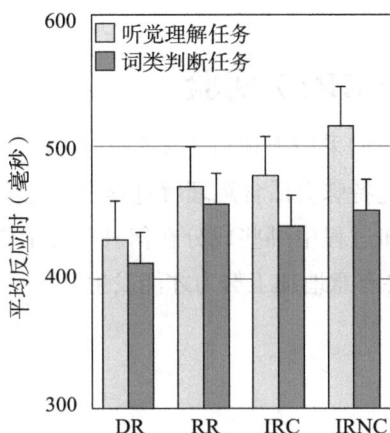

图 5.2 每个被试在各个实验条件下的平均反应时。图中误差线代表被试间标准误。

5.2.3 讨论

这一行为实验中，我们发现，在听觉理解任务中，随着语境关联程度的降低，被试需要更多的时间有意识地对话语所包含的特殊含意进行理解；但在词类判断任务中，尽管被试在完成与会话含意理解无关的任务，他们的任务反应时依然受到答句是直接（DR）还是间接（RR、IRC和IRNC）的影响，却并不受到间接回答的不同语境关联程度的影响。

首先，我们的行为结果提供了有力的证据支持了特殊含意的理解过程受到语境信息的充分程度的影响。当个体难以从直接语境（问题）或邻近的情景语境（背景介绍）中提取能够有效建立最佳语境关联的信息时，他/她将需要更大的加工努力和加工时间来理解话语中的特殊含意。其次，我们的行为结果发现，无论是听觉理解任务还是词类判断任务，间接回答条件相比于直接回答条件都延长了被试的任务反应时。这暗示着，在特殊含意理解的加工过程中可能同时包含了较为自动化的语境信息加工过程和需要认知努力的有意加工过程（Wakusawa et al., 2007）。

5.3　脑成像（fMRI）实验

在本实验中，我们采用上述行为实验（实验三）中的实验范式，与 fMRI 技术结合，探究特殊会话含意理解过程中语境信息加工的神经基础，以及其所涉及的认知过程中哪些成分在何种程度上能够较为自动化地发生，而哪些成分需要有意地加工努力才能发生。

5.3.1　方法

5.3.1.1　被试

共有 27 名在校大学生参与了本次 fMRI 实验。其中一名被试的数据被排除在后续分析之外，因为其在在线任务中的正确率低于平均正确率三个标准差。最终数据分析阶段剩余 26 名被试，其中 14 名女性，平均年龄 22.7 岁，标准差 1.9。所有被试均惯用右手，均视力正常或矫正视力正常，听力正常，无神经病史或心理、认知障碍，并且均是汉语普通话母语者。这项研究已获得北京大学心理与认知科学学院伦理委员会的批准。所有实验参与者在参与实验前均已签署书面的知情同意书。

5.3.1.2　实验设计与材料

实验设计与材料和实验三相同（参见 5.2.1.2）。

5.3.1.3　实验流程

在 fMRI 扫描过程中，被试在磁共振扫描仪中完成对话理解任务和词类判断任务，实验流程与实验三相同。

在 fMRI 扫描前，所有被试都阅读了关于实验程序的书面指示，并对每个实验任务都进行了练习，直到被试能够正确理解并顺利完成每项实验任务。为了调查被试对每种情景的理解，fMRI 实验被试被要求在扫描完成几周后返回实验室，以与前测相同的方式在 7 点李克特量表上对每段对话情景材料中的答句的直接/间接程度进行主观评价（1 代表非常直接，7 代表非常间接）。

5.3.1.4　行为数据分析

对于每个实验条件，我们采集了任务正确率，同时我们测量了回答呈现完成后到被试做出判断所花费的时间，作为每个实验试次的反应时。我们采用重复测量方差分析（repeated measured ANOVA）对行为数据进行分析。在反应时分析中，错误试次和未反应试次被剔除。当不满足球形假设（assumption of sphericity）时，采用 Greenhouse-Geisser 法对 F 检验的自由度进行校正。如果需要，采用错误发现率（False Discovery Rate, FDR）法进行多重比较校正（Benjamini & Hochberg, 1995）。

5.3.1.5　磁共振数据采集与预处理

本实验使用场强为 3T 的 GE MR750 扫描系统获取 T2*-weighted echo-planar images（EPI）图像，数据反映血氧水平依赖（blood oxygenation-level dependent，BOLD）。重复时间（repetition time, TR）为 2000 ms，回波时间（echo time, TE）为 30 ms，翻转角（flip angle）为 90 度。每幅功能像覆盖全脑，包含 35 层横断面扫描。每层横断面为 64 × 64 的矩阵，视野范围（field of view）为 192 mm × 192 mm，层厚为 4 mm，层间间隔为 0.75 mm，每层的平面分辨率为 3 mm × 3 mm。每幅功能像的横断面按照交错的顺序进行采集。我们通过在头部放置头枕和软垫来最大程度地降低被试在扫描过程中的头部运动。

任务态功能性磁共振成像数据的分析采用基于 Matlab 的 Statistical Parametric Mapping 软件包 SPM8（Wellcome Trust Department of Cognitive Neurology, London, UK; http://www.fil.ion.ucl.ac.uk）进行。在预处理中，确保全部成像数据的磁场稳定性，我们预先删除了前 5 个 TR 的图像。对于剩下的图像，我们首先校正单幅功能像各层之间在采集时间上的差异，并且估计各幅功能像之间因为头动所产生的伪迹。为了减小头动对磁共振信号的影响，头动校正生成的参数（每幅功能像六个参数，分别是 x、y、z、pitch、roll 和 yaw）被纳入统计模型。我们采用 1/128 Hz 作为截断频率对时间序列进行高通滤波以消除 fMRI 时间序列中的低频漂移。我们通过匹配灰质、白质和脑脊液，将所有功能像在空间上标准化到加拿大蒙特利尔神经学研究所（Montreal Neurological Institute, MNI）的标准空间（该空间的左侧即实际的左侧；Ashburner & Friston, 2005），并将功能像中体素（voxel）的大小重采样为 3 mm × 3 mm × 3 mm。在此基础上，我们以半高宽（full-width half-maximum, FWHM）为 6 mm 的高斯核（Gaussian Kernel）对标准化的功能像数据进行平滑处理。实验中，所有被试的头动均不超过 3 mm。

5.3.1.6　磁共振数据分析

5.3.1.6.1　单变量分析

全脑分析采用基于 SPM8 的一般线性模型（GLM）统计分析先后在被试水平和群组水平进行。为了回答哪些脑区参与到了听觉理解任务和词类判断任务下的含意理解有关加工这一问题，我们首先构建了第一个 GLM 模型（GLM1）。在 GLM1 中，我们主要关注实验中的两个任务下的直接回答和间接回答条件，以及三种间接回答条件间语境关联程度。具体而言，在被试水平，GLM1 定义了四个关键事件：听觉理解任务下直接回答（listening comprehension task, direct reply; LCT_DR）、听觉理解任务下间接回答（listening comprehension task, indirect reply; LCT_IR）、词类判断任务下直接回答（word-class decision task, direct reply; WDT_DR）和词类判断任务下间接回答（word-class decision task, indirect reply; WDT_IR）。此外，背景介绍和问题、按键反应屏和反应错误的答句分别作为单独的回归变量放入 GLM1。

为了考察与两个任务下间接答句的语境关联程度加工相关的脑区，我们将每个试次语境关联程度标签（即属于 RR 条件对应"1"，IRC 条件对应"2"，以及 IRNC 条件对应"3"）作为两个参数分别附加在两个任务对应的间接回答（LCT_IR 和 WDT_IR）的回归量上。这些事件中，听觉刺激事件的起始时间都锁定在听觉刺激呈现时，持续时间为刺激的实际时长，按键事件的起始时间为按键反应的时刻，持续时间为 0 ms，将这些事件矩阵与 HRF 进行了卷积。此外，6 组刚体运动参数也包含在这个模型中来解释头部运动伪迹。为了精确描述在感兴趣条件中显著激活的区域，我们首先计算了每个条件的简单主效应。之后，四个感兴趣条件的被试水平的单个图像通过灵活因素设计（flexible factorial design）进行组水平分析，并引入一个额外的因素用来控制被试间变异。

在群组水平，采用了一个不包括小脑的皮层掩蔽，之后的分析也都采用了这一掩蔽。我们主要定义了两个差异对比："LCT_IR > LCT_DR"和"WDT_IR > WDT_DR"。我们认为，前者主要反映了特殊会话含意的有意理解过程，而后者主要反映了特殊会话含意的伴随过程。为了对比这两种特殊会话含意相关加工过程，我们又定义了两个交互作用的对比："（LCT_IR > LCT_DR）>（WDT_IR > WDT_DR）"和"（WDT_IR > WDT_DR）>（LCT_IR > LCT_DR）"。为了找到这两种特殊会话含意相关加工过程所共同激活的区域，我们还进行了一个联合分析（Nichols et al., 2005），采用了如下比较：（LCT_IR > LCT_DR）∩（WDT_IR > WDT_DR）（Frison et al., 1999）。此外，为了考察会话含意理解过程中加工语境关联的神经基础，及其是否受到听话人理解意图的影响，我们同样关注在间接回答条件下语境关联参数所对应的神经活动模式。所有全脑分析的结果所采用的激活阈限为体素水平 $p < 0.001$ 未校正，团簇水平 $p < 0.05$，使用族概率误差法（family wise error, FWE）进行多重比较校正。

为了之后进行全脑多体素模式分析以及提取相应脑区的激活强度，我们又构建了第二个 GLM 模型（GLM2）。在这个模型中，8 个实验条件（LCT_DR、LCT_RR、LCT_IRC、LCT_IRNC、WDT_DR、WDT_RR、WDT_IRC、WDT_IRNC）作为单独的回归变量进行建模。模型中同样包含背景介绍和问题、按键反应屏和反应错误的答句这三个单独的回归变量。这些事件的起始时间和持续时间的选择均与 GLM1 相同，并与 HRF进行卷积。同时，6 组刚体运动参数也包含在这个模型中来解释头部运动伪迹。个体水平的因子分析将产生若干对应于单个被试的全脑活动强度图，这些对比图反映了对应条件所引发的大脑神经活动模式。

5.3.1.6.2　多变量模式分析

为了进一步从神经表征的角度回答本实验的研究问题，我们采用了多维模式识别分析方法。首先，考虑全脑的所有体素在理解特殊会话含意时的活动模式，我们采用了"预留一名被试"（leave-one-subject-out）交叉验证法，将全脑所有体素作为特征输入训练理解特殊会话含意时语用加工的分类器，并将这个分类器用于预测非训练情境的语用推理加工。这一方法不仅可以对全脑体素的活动模式进行跨实验的比较，还能检验本实验训练得到的两个分类器与其他心理过程的典型神经活动模式之间的关联。

我们采用基于回归的机器学习技术，LASSO-PCR（Least Absolute Shrinkage and Selection Operator-regularized Principal Components Regression; Wager et al., 2011），通过听觉理解任务下的大脑 fMRI 活动预测答句的不同语境关联程度。在这个分析中，四种不同条件的语境关联程度根据 LSA 分析（见实验三）被假定为线性变化，即 DR、RR、IRC 和 IRNC 条件的话语与语境之间的距离依次增大，因此，我们在模型中使用"1"代表 DR 条件，"2"代表 RR 条件，"3"代表 IRC 条件，"4"代表 IRNC 条件。对这个分类器的权重图进行 Bootstrap 测试（10,000 次迭代）以提供体素权重的 P 值，以便在可视化呈现和解释时对分类权重进行阈值限定。我们构建了 10,000 个自举样本集（有放回），并在每个样本集上运行 LASSO-PCR。根据高于或低于零的权重比例计算每个体素的双尾未校正的 P 值（阈限为 FDR 校正 $p < 0.05$，团簇大小 $k > 3$，用于可视化呈现；所有的体素权重均用于分类）。训练使用"预留一名被试"交叉验证法，并通过二选一迫选测试评估训练器的准确性。做跨实验条件或跨实验验证时，将上述所得分类器与同批数据中未曾进入训练过程的条件或另外一批数据中的条件点乘，检验模式相应的相对大小是否与实验操作一致。

之后，为了检验语言和 ToM 加工相关脑区是否表征了特殊含意理解中各个语境关联等级的加工，以及词类判断任务和听觉理解任务是否具有共享的表征，我们采用 AAL（Anatomical Automatic Labeling；由 Montreal Neurological Institute 提供）模板和 ToM 定位任务（Dodell-Feder et al., 2011）的分区，结合我们的实验结果定义了 10 个感兴趣区域（ROI），分别是：与语言加工相关的双侧 IFG 和双侧 MTG，以及与心理理论加工相关的双侧 TPJ、腹侧 MPFG（vmPFC）、中部 MPFG（mmPFC）、背侧

mPFC（dmPFC）和 PreC。为了进行局部分类器的交叉分类检验，我们进行了以下步骤（参见 Corradi-Dell'Acqua et al., 2011）：1）在预先定义的局部脑区中，通过"预留一名被试"交叉验证法训练能够预测听觉理解任务下的不同语境关联程度的 fMRI 活动，从而得到局部脑区的多变量模式分类器。在这一分析中，模型设置与全脑 MVPA 分析相同；2）将确定的听觉理解任务中语境加工的局部模式分别应用到两个实验任务中的不同语境关联条件（即，DR、RR、IRC 和 IRNC）。对整个大脑中的 10 个 ROI 重复以上两个步骤，我们得到了反映特殊会话含意理解过程中语境信息加工的局部神经模式，以及各个实验条件下 fMRI 活动对这些局部模式的响应情况。

　　为了检验各个感兴趣区在词类判断任务中是否体现了类似特殊含意理解中语境信息加工的神经模式，我们采用线性混合模型（linear mixed model, LMM; Baayen et al., 2008）来拟合词类判断任务中各个条件下的 fMRI 活动对局部分类器的模式响应。模型中包含了一个固定因素：作为连续变量的四个语境关联水平（"1"代表 DR 条件，"2"代表 RR 条件，"3"代表 IRC 条件，"4"代表 IRNC 条件），以及针对这一固定效应的被试随机斜率（by-subject random slope; Barr et al., 2013）。当参数估计大于两个标准差，即 t 的绝对值大于 2，则被认为达到显著。与以往采用 LMM 分析的研究一样，在报告统计检验的结果时，我们仅列出了标准误（SE）和 t 值，而没有给出 p 值，这是因为针对该模型的 p 值估计并不准确（参见 Baayen et al., 2008）。如果在词类判断任务中某一脑区的 fMRI 活动反映了特殊含意理解中语境信息加工相关的模式，那么在 LMM 中作为连续变量的语境关联水平应该能够有效地预测局部分类器在词类判断任务下各个条件的模式响应。

5.3.2　结果

5.3.2.1　行为数据结果

　　首先，统计了各个条件下被试按键判断的正确率。在外显任务中，DR 条件下实验参与者的任务正确率为 98.5%±2.7%，RR 的正确

率 为 97.3%±3.5%，IRC 的 正 确 率 为 97.3%±4.1%，IRNC 的 正 确 率
为 95.8%±3.9%；在 内 隐 任 务 中，DR 条 件 下 实 验 参 与 者 的 任 务 正 确
率 为 98.7%±3.6%，RR 的 正 确 率 为 97.5%±3.5%，IRC 的 正 确 率 为
97.3%±3.5%，IRNC 的 正 确 率 为 96.5%±4.2%。这 表 明，被 试 能 够 正 确
理 解 任 务 要 求，并 且 在 绝 大 部 分 试 次 中 能 够 做 出 正 确 判 断。对 正 确 率 进
行 任 务 类 型（外 显 任 务 vs. 内 隐 任 务）× 语 境 关 联 程 度（DR, RR, IRC, vs.
IRNC）重 复 测 量 方 差 分 析，语 境 关 联 程 度 的 主 效 应 显 著，$F(3,75) = 6.02$,
$p = 0.004$, partial $\eta^2 = 0.19$，即 无 论 是 外 显 任 务 还 是 内 隐 任 务，被 试 任 务 正
确 率 均 受 到 语 境 关 联 程 度 的 影 响，进 一 步 经 过 FDR 校 正 的 事 后 比 较 显 示，
DR 条 件 的 正 确 率 显 著 高 于 IRNC 条 件，但 其 他 两 两 比 较 均 不 显 著。交
互 作 用（$F[3,75] = 0.11$, $p = 0.96$, partial $\eta^2 = 0.004$）和 任 务 类 型 的 主 效 应
（$F[1,25] = 0.25$, $p = 0.62$, partial $\eta^2 = 0.01$）均 不 显 著。

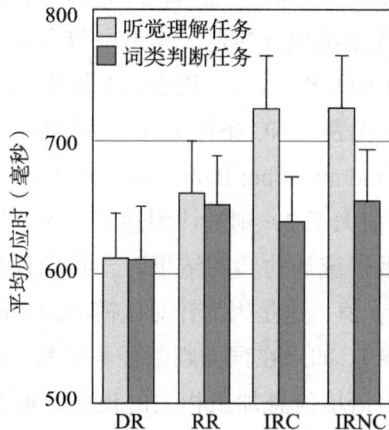

图 5.3　fMRI 在线任务中，每个被试在四个实验条件下的平均反应时。图中误差
　　　　线代表被试间标准误。

然后，反应错误的试次在之后的分析中被排除，并且将每个试次中
答句呈现完毕到被试按键之间的时间作为反应时进行了统计。对每个条件
下每个被试按键反应时的均值进行任务类型（外显任务 vs. 内隐任务）×
语境关联程度（DR, RR, IRC, vs. IRNC）重复测量方差分析（见图 5.3），

两因素交互作用显著，$F(3, 75) = 2.90$, $p = 0.040$, partial $\eta^2 = 0.10$。接着，为了进一步检验简单效应，我们对外显任务和内隐任务下的语境关联程度效应分别进行了重复测量方差分析。对于外显任务，语境关联程度的简单效应显著，$F(3, 75) = 9.31$, $p < 0.001$, partial $\eta^2 = 0.27$，DR 条件（610 ± 163 ms）、RR 条件（660 ± 201 ms）、IRC 条件（725 ± 208 ms）和 IRNC 条件（725 ± 200 ms）的反应时依次增加。进一步经过 FDR 校正的事后比较显示，除了 DR 与 RR 条件以及 IRC 和 IRNC 条件之间的差异，其他两两比较的差异均显著（$p < 0.01$）。对于内隐任务，语境关联程度的简单效应边缘显著，$F(3, 75) = 2.29$, $p < 0.085$, partial $\eta^2 = 0.08$。进一步经过 FDR 校正的事后比较显示，DR 条件（608 ± 188 ms）的反应时显著短于 IRNC（652 ± 183 ms）条件的反应时（$p = 0.007$），其他比较均没有显著差异。这一行为结果的模式与实验三基本一致，在两个实验中反应时显示的略微差异，即外显任务下 IRC 和 IRNC 条件之间的差异在 fMRI 扫描中降低了。这可能是由于在 fMRI 扫描过程中的反应时整体延长所导致的天花板效应（the ceiling effect）造成的。

此外，对被试事后主观评价的直接/间接程度（"1"代表非常间接，"7"代表非常直接）进行单因素重复测量方差分析。结果发现，语境关联程度的主效应显著，$F(3, 66) = 171.37$, $p < 0.001$，其中回答的直接程度随着 DR（mean = 6.40, SD = 0.28）、RR（mean = 3.91, SD = 0.54）、IRC（mean = 3.66, SD = 0.52）和 IRNC（mean = 3.72, SD = 0.57）条件依次递减（见图 5.1B）。除了 IRC 和 IRNC 条件之间的差异之外，DR、RR、IRC 和 IRNC 条件之间的差异都是显著的（$ps < 0.05$，采用 FDR 校正进行多重比较校正）。这个结果与实验三前测基本相同，表明参与脑成像实验的被试同样认为具有较小语境关联程度的对话更为间接。

5.3.2.2　磁共振数据单变量分析的结果

在基于 GLM1 的分析中，我们首先关注听觉理解任务和词类判断任务中间接回答和直接回答之间差异的脑区。与实验一相一致，我们发现在听觉理解任务中，相比于直接回答，间接回答激活了双侧 MTG、双侧 IFG、双侧 TPJ、mPFC 和 PreC。而在词类判断任务中，相比于直接回答，间接回答激活了右侧 MTG（图 5.4 和表 5.2）。

交互作用的对比发现，间接回答与直接回答相比，在听觉理解任务中，相比于词类判断任务，特异性地激活了双侧 TPJ、dmPFC 和 PreC（图 5.4B 和表 5.2）；而在词类判断任务中，相比于听觉理解任务，没有发现特异性激活的脑区。为了考察"LCT_IR > LCT_DR"和"WDT_IR > WDT_DR"两个对比共同激活的脑区，我们进行了一个统计上的联合分析。结果显示，这两个任务下的特殊会话含意加工共同激活了右侧 MTG（图 5.4 和表 5.2）。

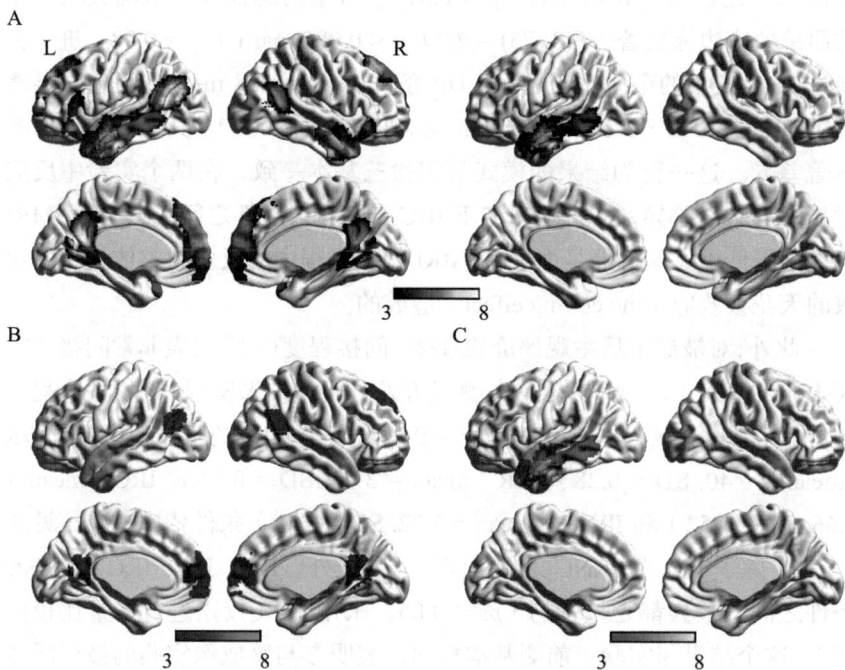

图 5.4　单变量分析的激活结果。A）左图为全脑单变量分析中"LCT_IR > LCT_DR"激活的脑区；右图为全脑单变量分析中"WDT_IR > WDT_DR"激活的脑区。B）交互作用比较（LCT_IR > LCT_DR）>（WDT_IR > WDT_DR）激活的脑区。C）联合分析中，"LCT_IR > LCT_DR"和"WDT_IR > WDT_DR"共同激活的脑区。统计阈限均为体素水平 $p < 0.001$ 未校正，团簇水平 FWE 校正 $p < 0.05$。

基于这些结果，我们认为，"LCT_IR > LCT_DR"激活的脑网络反映了特殊会话含意理解相关的完整的神经基础，而交互作用的对比"（LCT_

IR > LCT_DR)>（WDT_IR > WDT_DR）"激活的脑网络则反映了特殊会话含意理解过程中需要听话人有意图地进行理解才能发生的加工过程的神经基础。此外，"WDT_IR > WDT_DR"激活的，也是"LCT_IR > LCT_DR"和"WDT_IR > WDT_DR"两个对比共同激活的左侧 MTG 区域则可能反映了无需有意图理解也可进行的特殊会话含意理解相关过程的神经基础。

表 5.2 感兴趣比较的激活，统计阈限均为体素水平 $p < 0.001$ 未校正，团簇水平 $p < 0.05$（FWE 校正）。所有报告的坐标均在 MNI 空间中。BA 代表布洛德曼分区（Brodmann area）。

Region	BA	Coordinates of local maxima			T	Cluster Size
		x	y	z		
LCT_IR > LCT_DR						
L middle temporal gyrus	20	−57	−10	−23	9.80	982
L temporo–parietal junction	39	−51	−70	22	7.68	
L inferior frontal gyrus	47	−45	32	−17	6.02	
precuneus	17	−6	−58	13	8.47	453
R middle temporal gyrus	21	60	−1	−23	6.39	212
R inferior frontal gyrus	38	48	29	−11	4.79	
medial frontal cortex	9	−9	50	37	6.44	1040
R temporo–parietal junction	39	60	−64	19	6.06	219
WDT_IR > WDT_DR						
L middle temporal gyrus	21	−57	−7	−20	9.68	313
(LCT_IR > LCT_DR) > (WDT_IR > WDT_DR)						
precuneus	17	−6	−61	13	5.13	185
L temporo–parietal junction	39	−51	−70	19	5.06	91
medial prefrontal cortex	10	6	56	13	4.58	151
	9	18	35	46	4.44	97
R temporo–parietal junction	39	57	−64	19	4.48	127
Conjunction analysis: (LCT_IR > LCT_DR) ∩ (WDT_IR > WDT_DR)						
L middle temporal gyrus	21	−57	−7	−20	9.68	275

（待续）

（续表）

Region	BA	Coordinates of local maxima			T	Cluster Size
		x	y	z		
Paramatic modulation analysis: contextual relevance in LCT						
R posterior middle temporal gyrus	37	60	−58	10	5.38	77
R inferior frontal gyrus (tri)	44	48	29	28	5.09	124
L posterior middle temporal gyrus[a]	37	−57	−55	4	5.07	47

[a] 这一区域的激活未通过团簇水平 FWE 校正，$p_{FWE} = 0.098$。

　　另一方面，我们在基于 GLM2 的分析中也关注了间接回答条件下与语境关联程度相关的脑区。参数分析的结果发现，在听觉理解任务中，右侧额下回和双侧 MTG 后部的活动强度随着间接回答的语境关联程度的降低增强（见表 5.2 和图 5.5）；在词类判断任务中，没有发现有脑区的活动强度随着语境关联程度的降低增强。结合这一结果，我们认为，双侧额下回（延伸至额中回）、双侧 MTG 后部和左侧 MTG 前中部的活动与特殊会话含意理解过程中话语与语境建立关联的认知过程有关。

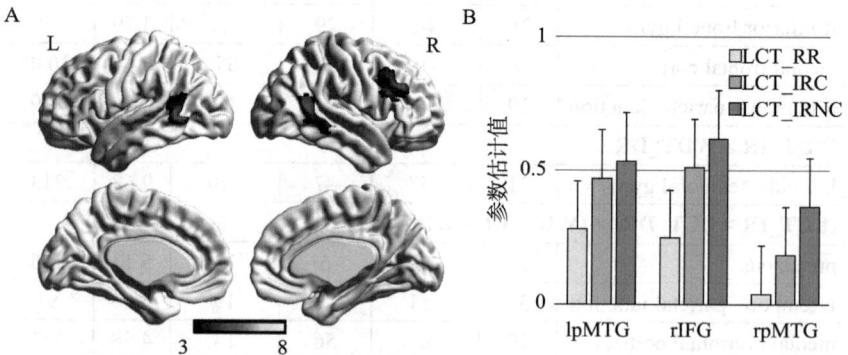

图 5.5　参数分析结果。在听觉理解任务中，右侧额下回（rIFG）和双侧 MTG 后部（lpMTG 和 rpMTG）的活动强度随着间接回答的语境关联程度的降低逐渐增强。统计阈限均为体素水平 $p < 0.001$ 未校正，团簇水平 FWE 校正 $p < 0.05$。

5.3.2.3 磁共振数据多变量模式分析的结果

我们训练 LASSO 分类器区分听觉理解任务下的四种语境关联程度递减的条件，这一分类器反映了特殊含意理解中语境信息加工的全脑神经表征。

如图 5.6A 所示，分类器能很好地区分这两个条件，正确率达到 100%（95% 置信区间为 100%–100%，$p < 0.001$）。当用该分类器区分听觉理解任务中的四种答句条件时，分类器都给出了显著高于几率水平的表现（RR vs. DR: 100%, 95% CI: 100%—100%, $p < 0.001$; IRC vs. RR: 100%, 95% CI: 100%—100%, $p < 0.001$; IRNC vs. IRC: 100%, CI: 100%—100%, $p < 0.001$）。当用该分类器区分词汇判断任务中的四种答句条件时，分类器能够较好地区分 RR 和 DR 条件（正确率 85%, CI: 72%—96%, $p < 0.001$），以及 IRC 和 RR 条件（81%, CI: 67%—93%, $p = 0.003$），但不能区分 IRNC 和 IRC 条件（42%, CI: 26%—58%, $p = 0.557$）。上述结果首先定义了特殊含意理解中的语境信息加工的全脑 fMRI 多变量模式，并且表明在词类判断任务中，尽管被试没有理解话语含意的动机，其大脑活动表征依然在一定程度上体现了特殊含意理解中的语境信息加工模式。

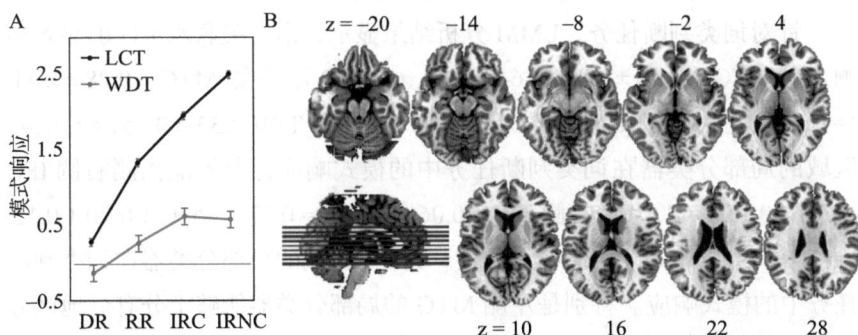

图 5.6 特殊会话含意理解模式的训练与测试。A）特殊会话含意理解模式应用于测试数据各个条件上的模式响应。在听觉理解任务（LCT）中，语境关联程度越低的答句条件具有越高的模式响应；而在词类判断任务（WDT）中，RR 条件比 DR 具有更高的模式响应，IRC 条件比 RR 具有更高的模式响应，而两个无关回答条件（IRC 和 IRNC）的模式响应之间没有差异。图中误差线代表被试间标准误。B）特殊会话含意理解分类器的权重图。

图 5.6B 显示了分类器对特殊含意理解中语境加工做出贡献的体素权重（基于 bootstrap 测试，10,000 次迭代，图中显示阈限为 FDR < 0.05；在分类中使用所有体素权重）。很多与语言加工和心理理论加工相关的脑区激活预测了特殊含意理解中话语与语境关联的降低，诸如：双侧 MTG、右侧 IFG、左侧 TPJ 和 PreC 等。

针对与语言加工或心理理论加工相关的各个 ROI（见图 5.7A），我们通过听觉理解任务的四个回答条件训练得到反映特殊会话含意理解中语境信息加工的神经模式的局部分类器。结果发现，双侧 MTG、双侧 IFG、双侧 TPJ、dmPFC 和 PreC 区域的局部分类器能够依次区分听觉理解任务下的各个语境关联程度条件（正确率均大于 88%，$ps < 0.001$）。此外，mmPFC 区域的局部分类器仅能够对听觉理解任务下的直接和间接回答条件进行有效地区分，但不能够区分间接回答中不同语境关联程度的回答，而 vmPFC 区域的局部分类器则不能够区分听觉理解任务下的各个条件。这些结果表明，语言加工相关脑区，IFG 和 MTG，以及心理理论加工的相关脑区，双侧 TPJ、dmPFC 和 PreC，均参与了特殊含意理解过程中的语境信息加工过程。此外，mmPFC 区域则仅对有无含意敏感，而 vmPFC 区域则可能并不参与特殊含意的理解。

针对词类判断任务，LMM 分析结果显示，语境关联水平能够显著预测左侧 MTG（Beta ± SE = $0.64 ± 0.13$, $t = 5.12$）、右侧 MTG（$0.28 ± 0.11$, $t = 2.59$）、左侧 IFG（$0.42 ± 0.17$, $t = 2.49$）和左侧 TPJ（$0.33 ± 0.15$, $t = 2.14$）区域的局部分类器在词类判断任务中的模式响应，但不能预测右侧 IFG（$0.16 ± 0.15$, $t = 1.10$）、右侧 TPJ（$0.06 ± 0.17$, $t = 0.37$）、PreC（$0.20 ± 0.12$, $t = 1.73$）和 dmPFC（$0.19 ± 0.24$, $t = 0.81$）区域的局部分类器在词类判断任务中的模式响应。特别是左侧 MTG 的局部分类器能够十分有效地区分 DR 和 RR 条件（正确率 ± SE = 89% ± 6%, $p < 0.001$），以及 RR 和 IRC 条件（81% ± 8%, $p = 0.003$）。由此，我们认为在双侧 MTG、左侧 IFG 和左侧 TPJ 中的特殊含意理解过程能够较自动化地发生，而在右侧 IFG、右侧 TPJ、PreC 和 DMPFG 中的特殊含意理解过程则更加需要有意地付出加工努力才能够发生。

A

B

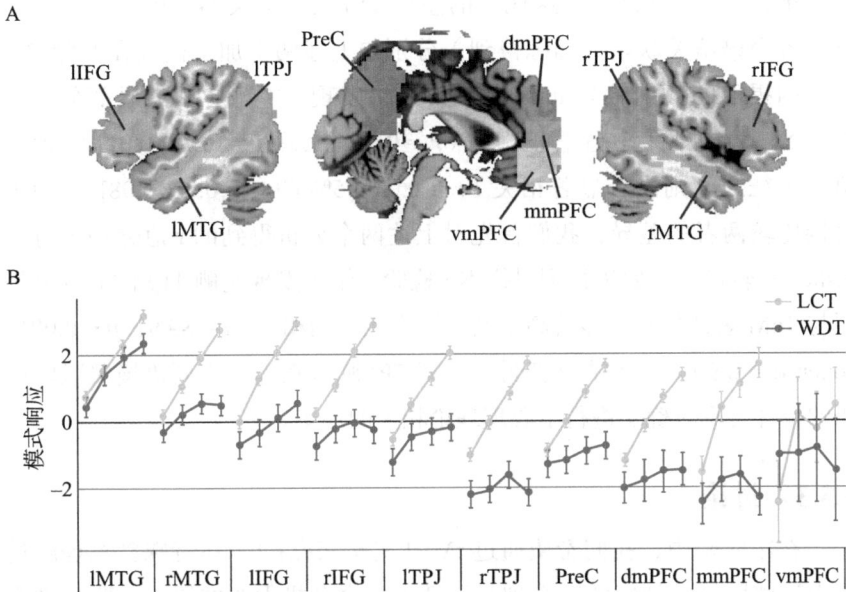

图 5.7 特殊含意理解中语境信息加工的局部模式的训练与测试。1）由解剖模板和功能分区定义的 10 个 ROI。其中，黄色和绿色代表该区域的分类器既能够区分听觉理解任务下的不同语境关联条件，也能够在一定程度上区分词类判断任务下的不同语境关联条件（其中黄色区域能够很好地区分词类判断任务下的不同语境关联条件）；蓝色代表该区域的分类器能够区分听觉理解任务下的不同语境关联条件，但不能区分词类判断任务下的不同语境关联条件；灰色代表该区域的分类器既不能够区分听觉理解任务下的不同语境关联条件，也不能够在一定程度上区分词类判断任务下的不同语境关联条件。2）各个 ROI 局部分类模式应用于各个实验条件上的模式响应。

　　根据上述结果，作为心理理论加工的核心脑区，左侧 TPJ 在特殊含意理解中涉及的认知过程在一定程度上能够自动化进行。为了进一步确定这一脑区进行何种加工，我们将左侧 TPJ 的局部分类器（共包含 985个体素）分别与 ToM 和语言加工在该区域的神经模式进行多体素模式相似性分析（multi-voxel pattern similarity analysis），其中 ToM 加工的神经表征模式由实验一的 ToM 定位任务训练得到，而语言加工的神经表征模式由元分析数据库得到（详见前文 4.2 实验一）。在这一分析中，基于

bootstrap 测试（10,000 次迭代）的左侧 TPJ 局部分类器（由听觉理解任务下各个语境关联条件训练得到）分别与上述两个加工模式在左侧 TPJ 区域内提取的数据做 Pearson 相关。结果发现，左侧 TPJ 的局部分类器与 ToM 表征之间存在显著正相关（$r = 0.06$, 95% CI = [0.12, 0.01]），但与语言表征之间则没有显著相关（$r = 0.03$, 95% CI = [−0.03, 0.08]）。为了直接比较两者的差异，我们首先对上述两个分析得到的 r 值分别进行了 Fisher z-转换，之后进行配对样本 t 检验，结果发现左侧 TPJ 的局部分类器与 ToM 表征的相关显著高于其与语言表征的相关，$t = 89.91$, $p < 0.001$, cohen'd = 0.90。上述结果表明，左侧 TPJ 脑区在理解不同语境关联的话语的特殊含意时确实进行了心理理论相关的加工。

5.3.3 讨论

在本实验中，我们希望通过 fMRI 实验探究：1）在特殊含意理解过程中哪些脑区的神经活动受到与说话人社会动机无关的语境关联程度变化的影响；2）其中所涉及的认知过程是较为自动的，还是需要明确交际目的和加工努力驱动的。

首先，实验四中的在线行为结果基本重复了实验三的模式，即在与特殊含意理解无关的词类判断任务中，个体的任务表现受到了话语有无特殊含意的影响。并且，通过比较听觉理解任务下间接回答和直接回答，我们发现了与实验一一直的特殊会话含意理解相关的神经激活。其次，针对第一个实验目的，我们对听觉理解任务下的 fMRI 数据进行单变量分析和多变量模式分析。结果发现，语言（IFG 和 MTG）和心理理论加工（双侧 TPJ、dmPFC 和 PreC）的脑区活动均受到语境关联程度的影响。第三，通过将听觉理解和词类判断任务下的 fMRI 数据进行直接比较和模式分类，我们确定了特殊含意理解所涉及的任务独立（task-independent）和任务依赖（task-dependent）加工所在的脑区。其中，参与任务独立的认知加工的脑区包括双侧 MTG、左侧 IFG 和左侧 TPJ；而参与任务依赖的认知加工的脑区包括右侧 IFG、右侧 TPJ、dmPFC 和 PreC。

IFG 和 MTG 被认为是语义统合网络的重要组件（综述见 Hagoort，2017）。无论是比较语义 / 语用异常的句子与正常句子（如，Friederici et al., 2003; Hagoort et al., 2004; Kiehl et al., 2002; Rüschemeyer et al., 2006），还是比较有无语义歧义的句子（Davis et al., 2007; Hoenig & Scheef, 2005; Rodd et al., 2005），以往研究一致地发现了左侧 IFG 和左侧 MTG 的激活（元分析见 Hagoort & Indefrey, 2014）。在词汇层面上，左侧 IFG 作为语义统合网络的关键节点主要涉及多通道语义信息的统合，而左侧 MTG 后部则主要涉及词汇语义信息的提取过程（Willems et al., 2006, 2008）。更重要的是，语义加工不仅仅是词汇意义的简单叠加。在句子和会话加工的层面上，世界知识（Hagoort et al., 2004）、说话人的信息（Tesink et al., 2009）、共现的视觉输入和话语信息（Zhu et al., 2012），像句子内部的语义信息一样，都会引发左侧 IFG、MTG 以及其右半球同源脑区的神经反应，这反映了对含有多个词语的话语进行连贯解释的组合操作。在话语层面，语义统合操作也受到右侧 IFG 自上而下的调控。前人研究表明，右侧 IFG 的激活与语言理解中额外的执行任务有关，如语义选择任务（Wagner et al., 2001）、语义关联任务（Adams & Janata, 2002）、复杂句子比较任务（Ben-Shachar et al., 2004; Constable et al., 2004）等。在话语理解中，右侧 IFG 的作用在于调控由 MTG 表征的记忆中的词汇信息激活（Vigneau et al., 2011）。与左侧 MTG 不同，右侧 MTG 主要在加工模棱两可或不连贯的话语中起作用（Rapp et al., 2004; St George et al., 1999; Zempleni et al., 2007；元分析参见 Rapp et al., 2012）。根据 Beeman（1993）提出的精细–粗糙模型（fine-coarse model），右侧颞叶负责在较广的范围内提取意义，同时生成弱而广泛的语义场（semantic field），从而使得个体能够高效地整合语义场中的所有语义；而左侧颞叶仅在较小的范围内选择数量很少的相关意义，进行精细的语义编码（综述参见 Jung-Beeman, 2005）。据此，我们推测本研究中 MTG 和 IFG 的 fMRI 活动分别反映了在特殊含意理解中建立语义关联所涉及的语义激活和整合加工。其中，左侧 MTG 的活动模式反映了更加精细化的相关语义信息激活，右侧 MTG 则反映了较泛化的语义场激活，而左侧 IFG 则对这些信息的提取和激活进行整合和协调，同时这些认知过程能够独立于实验任务、较为自动化地发生。这一发现不仅扩展了 Wakusawa 等人（2007）的发现（在加工反讽句时右侧 MTG 对语境信息进行了自动评估），也与阈下语义加工方面的研究结果相一致，这些研究表明个体能够在无意识状态下（或无注意状态下）对多个词语的语义信息进行表征与整合（Armstrong & Dienes, 2013; Axelrod et al., 2014; Sklar et al., 2012; van Gaal et al., 2014）。然而，由右侧 IFG 承担的执行控制过程则仅能够在有明确交际意图的情况下调控特殊含意理解（类似的见 Cohen et al., 2016）。

在心理理论网络中，TPJ 被认为负责从大量信息中提取和综合社会语境，并且引导注意和决策（Carter et al., 2012; Carter & Huettel, 2013; Schaafsma et al., 2015）。mPFC 则被认为承担了关于行为和判断（包括目的和意图）的推理加工（例如，De Lange et al., 2008; Van der Cruyssen et al., 2009；亦见 Keysers & Gazzola, 2007）。PreC 则参与视觉想象和情境信息提取过程（Cavanna & Trimble, 2006）。本实验发现，尽管话语语境关联的降低与说话人产生这一话语的社会动机类型无关，心理理论相关脑区的活动模式依然反映了由此带来的个体对情景和文化语境信息提取的更高认知需求。这一结果从激活模式的角度扩展了 Jang 等人（2013）关于语境关联影响特殊含意理解的研究发现。同时，左侧 TPJ 对社会性语境信息在一定程度上进行了自动化加工。

综上所述，话语与语境之间的语义关联能够全局性地、精细地影响特殊含意理解所涉及的各个加工过程。从整体的角度来看，特殊会话含意的通达需要明确的理解意图驱动。但具体而言，在特殊含意理解所涉及诸多加工过程中，语义信息或社会语境信息的提取乃至整合加工能够（至少在一定程度上）较为自动化地进行，例如：双侧 MTG 区域反映了为了建立恰当关联而进行更加广泛的语义激活，以及左侧 TPJ 区域反映了对于社会语境信息的提取；而涉及执行控制（右侧 IFG）和推理（mPFC）的认知过程则需要由明确的理解意图驱动。

5.4 小结

在本章中，我们通过两个实验（行为实验和 fMRI 实验）考察了特殊会话含意理解过程中语境信息加工的神经基础，以及分离其所涉及的认知过程中较为自动化的成分以及需要听话人理解意图驱动的成分。

实验结果表明，话语语境关联程度是特殊含意理解中的重要因素，它从行为和神经层面上影响了特殊含意理解过程。不仅语言加工的脑网络，而且心理理论加工的脑网络也精细化地反映了由话语与语境的语义关联降低所带来的逐渐升高的认知需求。这一发现与语义最小论的观点不一致，而是更加支持了关联理论的描述。因为，在我们的实验中并没有观察到与语境信息无关的加工话语字面意义的语言模块（最小主义的具体观点见 Borg，2009），而是观察到了话语语境关联程度的精细变化对语言和心理理论网络都有显著的影响。此外，特殊含意理解涉及的各个认知成分的任务独立性程度不同，其中语义信息或社会语境信息的提取乃至整合加工能够（至少在一定程度上）较为自动化地进行，而涉及执行功能和推理加工的认知过程则需要由明确的理解意图驱动。

第 6 章　总讨论 [1]

　　本章中，我们将在总结前两章实证研究发现的基础上，结合以往语言语用学领域内的理论和神经科学领域内的实证研究进展，进一步讨论本书对会话含意理解的认知神经机制的研究的贡献。

6.1　实验结果总结

　　本书通过两部分研究对会话含意理解的认知和神经机制进行了探讨。第一部分的研究中，我们通过在同一实验内对特殊含意和一般含意进行比较，探究了二者理解过程的神经表征的异同。在 fMRI 实验中，通过比较具有特殊含意的间接回答与其控制条件，我们发现特殊含意理解引发了包括双侧 IFG 和 MTG 在内的额颞语言网络的激活，以及双侧 TPJ、mPFC 和 PreC 等与 ToM 加工相关的脑区域的激活；通过比较具有一般含意的间接回答与其控制条件，我们发现一般含意理解引发了双侧 IFG、左侧 MTG 和 mPFC（延伸到 SMA）的激活。除了为延伸到 SMA，特殊含意理解涉及的脑区不仅包含了一般含意理解的区域，还包含了双侧 TPJ、mPFC 中部和 PreC。进一步采用多体素模式分析和基于元分析数据库神经解码，我们发现特殊与一般含意理解共享了语言加工过程，而心理理论加工则是特殊含意理解所特有的。另外，在特殊与一般含意理解过程中，二者共同激活的 mPFC 区域的活动在神经表征、个体差异以及功能连接方面表现出了明显不同：1）mPFC 区域在特殊会话含意理解中的神经活动模式体现出与心理理论加工中相同的活动模式，

1　本章部分内容已发表，见冯望舒，周晓林. 神经科学视角下的会话含意理解 [J]. 当代语言学，2024，26（2）：259-273。

而 mPFC 区域在一般含意理解中的神经活动模式则没有；2）不同于一般含意，特殊含意理解中 mPFC 的活动强度与个体的社会能力成正相关；3）相比于一般含意理解，在特殊含意理解中，mPFC 的神经活动与前运动皮层、右侧 IFG 和 IPL 之间的功能连接增强。为了进一步探讨右侧 TPJ 在会话含意理解中的因果性作用，我们实施了两个 HD-tDCS 实验，并对实验结果进行分析。首先，正如我们所预期的那样，无论是对右侧 TPJ 施加阳极刺激（激活）还是阴极刺激（抑制），都没有对个体理解一般会话含意的过程产生显著影响。这更加确证了一般含意的理解并不需要心理理论推理的支持。更重要的是，对右侧 TPJ 活动的激活和抑制通过影响心理理论能力影响了特殊含意的理解。这一发现为心理理论脑网络在特殊含意理解中的因果性作用提供了支持。其次，比较有趣的是，对右侧 TPJ 施加阳极刺激（激活），相比于施加伪刺激，会提高个体的心理理论推理的能力，从而延长了个体理解特殊含意的时间；而对右侧 TPJ 施加阴极刺激（抑制），相比于施加伪刺激，会降低个体的心理理论推理的能力，并且同样延长了个体理解特殊含意的时间。

第二个部分研究中，我们利用行为（实验三）和脑成像（实验四）实验，通过操纵实验任务和不同程度的话语语境关联，考察了涉及特殊含意的各个脑区如何加工不同层次的语境信息，以及发生在哪些脑区的认知过程需要明确的加工动机驱动，而哪些更加自动化。从行为层面看，在听觉理解任务中，随着语境关联程度的降低，被试需要更多的时间有意识地对话语所包含的特殊含意进行理解；但在词类判断任务中，尽管被试在完成与会话含意理解无关的任务，他们的任务反应时依然受到答句为直接回答（DR）或间接回答（RR、IRC 和 IRNC）的影响，却并不受到间接回答的不同语境关联程度的影响。在神经层面上，我们发现右侧 IFG 和双侧 MTG 的平均活动强度随着语境关联程度的降低而增加，并且无论是在语言（IFG 和 MTG）还是心理理论加工（TPJ、dmPFC 和 PreC）的脑区中都能训练得到明确区分四种不同语境关联条件的分类器。这表明，这些脑区均精细地表征了话语语境关联程度的变化。此外，我们还发现，双侧 MTG、左侧 IFG 和左侧 TPJ 在听觉理解任务下对语境关联的神经表征在词类判断任务中也得到了一定程度的体现；而另一些脑区则没有体现出这种迁移现象，其中包括右侧 IFG、右侧 TPJ、dmPFC 和 PreC。这表明，在特殊含意理解所涉及的诸多加工过程中，语义信息或社会语境信息的提取乃至整合加工能够（至少在一定程度上）较为自动化地进行，例如：双侧 MTG 区域为了建立恰当关联而进行更加广泛的语义激活，以及左侧 TPJ 区域对于社会语境信息的提取；而涉及执行控制（右侧 IFG）和推理（mPFC）的认知过程则需要由明确的理解意图驱动。

6.2　会话含意理解的理论模型

与索绪尔在《普通语言学教程》中提出的观点不同，格赖斯理论指出言语交际不仅仅是简单的编码（encoding）和解码（decoding）过程，还需要进行推理。此后陆续提出的新格赖斯语用学和关联理论也都持有类似的观点，因此，它们与格赖斯语用学一起被称作推理语用学。本书综合利用了多种神经科学的分析方法，包括非侵入性脑刺激技术、多变量模式分析和基于元分析数据库的神经解码，从神经表征和因果作用等多重角度全面揭示了会话含意理解的神经机制。结合我们的研究结果，下文将借助主流的语言语用学理论框架来描述会话含意理解的认知过程。

6.2.1　特殊与一般含意的分离

以往的神经影像学研究采用基于体素激活的单变量分析，发现特殊含意理解需要包括双侧 IFG 和 MTG 在内的核心语言网络，以及包括 mPFC、双侧 TPJ 和 PreC 在内的心理理论网络的参与（Bašnáková et al., 2014; Feng et al., 2017；元分析见 Yang et al., 2019）；而一般含意理解过程可能需要左侧 IFG、额中回（middle frontal gyrus）、mPFC 和基底神经节（basal ganglia）等处的神经活动参与（Shetreet et al., 2014; Zhan et al., 2017）。这些研究显示，特殊含意和一般含意的理解似乎既有重合的又有各自独特的神经基础。

为了更好地建立神经活动与认知过程之间的映射关系，研究采用了单变量分析、多变量模式分析和基于元分析数据库的神经相似性分析等方法，在同一实验范式下直接比较特殊与一般含意理解过程的异同，揭示二者背后的神经基础，并采用高分辨率经颅直流电刺激进一步探讨心理理论网络在特殊含意和一般含意理解中的因果性作用。通过比较具有特殊或一般含意的间接回答条件与对应控制条件下的脑活动，本研究基本重复了以往神经影像学研究的结果。进而，本研究采用多变量模式分析和基于元分析数据库的神经相似性分析，发现特殊含意与一般含意理解都需要调用相似的语言加工过程，特殊含意理解还额外激活与心理理论相关脑网络，暗示着特殊含意的理解过程涉及到心理理论加工。该研究还实施了经颅直流电刺激实验，进一步验证心理理论网络对特殊含意理解的因果性作用。结果显示，心理理论网络核心脑区（右侧 TPJ）的神经活动的激活和抑制，可以通过影响个体的心理理论能力而影响特殊含意的理解过程，但不能有效地影响一般含意的理解过程。更重要的是，该研究发现，虽然特殊含意与一般含意理解共同激活了背内侧前额叶区域，但在神经表征、个体差异模式以及功能连接方面，针对两种含意的理解，该区域都表现出显著的差异。这些结果都表明，特殊含意与一般含意理解所涉及的推理过程并不相同：相比于一般含意理解过程，背内侧前额叶在特殊含意理解过程中承担着对情景信息更加敏感的心理理论推理加工。

总体看来，这些结果共同支持了格赖斯对于特殊与一般含意的直觉性的区分。特殊含意和一般含意理解的认知过程既不完全相同，也非截然不同。两者涉及的语用系统共享了语言加工的核心网络，负责含意理解（相较于一般性语义加工）所需的额外的语义激活和整合加工；特殊含意理解还涉及心理理论脑网络，以支持个体对说话人在当前特定语境下心理状态的推测；在背内侧前额叶，特殊含意理解和一般含意理解呈现出完全不同的活动模式，一般含意理解的计算过程更加胶囊化，对临时语境中说话人状态不敏感。这些发现明显与默认理论的假设相悖，同样也没有支持关联理论将特殊含意与一般含意视作同一过程的观点，而是与语义最小论对两种含意关系的理论描述一致。语义最小论认为，特殊含意与一般含意所涉及的不同语用系统并非截然对立，并假设"存在一个模块化的语言系统，负责处理字面语义内容及之前的语言加工。这些内容随后被提供给另外两个系统——一个整体的、一般化的语用系统，负责特殊会话含意的复原；以及一个更局限地、负责一般会话含意复原的系统，该系统根据过去说话人会话意图的统计学事实进行运算"（Borg 2009: 79）。

6.2.2　一般含意理解的推理过程

在明确了特殊含意与一般含意的关系后，我们需要进一步探究两者各自的认知机制。围绕一般含意的理解过程主要有默认和语境驱动两种理论观点，解决争议的关键在于搞清楚一般含意的在线加工代价和语境信息的影响。这正是神经科学方法较之传统语言学方法更为擅长的地方。事实上，研究者采用电生理记录和脑成像手段对此开展了大量研究。

一方面，研究者关注一般含意与语境相违背时引发的脑电效应。最初的事件相关电位（ERP）研究发现，相比于明显为真或假的陈述，信息不足的陈述（Some dogs have ears）会引发 N400 波幅的减小（Noveck & Posada, 2003）。然而，在更严谨地控制实验材料后，大部分研究则发现了与之相反的结果。与语用合理的陈述（Some people have pets ...）相比，信息不足的陈述（Some people have lungs ...）会在关键词（lungs/pets）处引发更大的 N400 效应，无论这种信息不足的陈述是基于世界知识（Nieuwland et al., 2010）还是基于临时创建的图片语境（Hunt III et al., 2013; Spychalska et al., 2016; Zhao et al., 2021）。同时，有研究发现，相比于语用合理的陈述，信息不足的陈述引起了更大波幅的晚期成分（P600; Spychalska et al., 2016）；以汉语为实验材料的研究发现，信息不足的陈述引发了更大波幅的晚期负成分（Politzer-Ahles et al., 2013; Zhao et al., 2021）。Zhao 等（2015）采用失配负波范式，发现相比于语用合理的句子，作为干扰刺激的信息不足的句子引发了更大的失配负波。值得注意的是，上述由一般含意违反引发的脑电效应存在相当大的个体差异，往往只在进行语用解读的个体或是具有高语用能力的个体中被探测到（Hunt III et al., 2013; Nieuwland et al., 2010; Spychalska et al., 2016; Zhao et al., 2015）；模型拟合的研究也验证了由一般含意违反引发的 N400 效应受个体对会话原则的期望调节（Augurzky et al., 2019）。

另一方面，为了直接观测一般含意加工涉及的 ERP 成分，Hartshorne 等（2015）引入了一种不具有含意的控制条件，即 "only some"（只有一些），并且创造了两种包含等级项的句型：陈述句（Addison ate [only] some of the cookies before breakfast this morning, and the rest are on the counter）和条件句（If Addison ate [only] some of the cookies before breakfast this morning, then the rest are on the counter）。结果发现，在关键词 "some" 呈现时，句型与含意操纵没有产生显著的交互作用效应；在关键词 "the rest" 呈现时，相比于陈述句，条件句中的关键词引发的晚期持续正成分上的效应更大。由此，研究者认为，语境并不立即影响能够触发含意的等级项的加工，其影响出现在后续的句子成分中，并且这种语境影响依赖于句法结构。功能磁共振研究也表明，一般含意理解过程至少需要左侧额下回和内侧前额皮层的参与（Shetreet et al., 2014）。鉴于缺乏一般含意过程涉及心理理论的证据（本书研究一），内侧前额叶的激活可能反映了工作记忆（Politzer-Ahles & Gwilliams, 2015），或是更加一般化的、更接近于胶囊化的推理（Ferstl et al., 2008）。

上述结果表明，等级项触发的一般含意能够迅速地被整合到句子意义中，进而影响个体对后续词语的预期和整合；生成一般含意的语用推理过程需要额外的加工代价，并受到语境调节，但相比于特殊含意，这种加工代价相对较小，受到语境信息调节的程度相对较低。这些发现与一般含意作为默认解读的观点（默认理论）相悖，在一定程度上支持了语境驱动的观点（关联理论，亦见 Alatawi, 2019）。然而，相比于特殊含意，一般含意所需的额外加工代价和语境对其调节作用都十分有限。相反，这些发现比较符合语义最小论的观点，即一般含意的语用推理过程有相对固定的方向和路径，能够逐渐脱离特定语境而进行，是一种更加凝练的语用推理过程。

　　来自儿童语言发展方面的证据在一定程度上与上述观点相吻合。Noveck（2001）发现，儿童系统性地缺乏等级推理，即相比于成年人，儿童更多地对包含等级项的话语进行逻辑的而非含意的解读。如果预先对儿童进行训练，使得他们更能意识到话语在语用方面的异常，那么儿童就会更加倾向于将一个信息不充分的话语（"有的马跳过了栅栏"）视作对事实（"所有的马都跳过了栅栏"）的不恰当陈述，做出更加接近于成年人的判断（Papafragou & Musolino, 2003; Guasi et al., 2005）。同时，绝大多数 5 岁儿童在语言产出时能够使用符合语用原则的句子（Katsos & Bishop, 2011）。可见，儿童既不缺乏正确认知或描述现实情况的能力，也没有无视 Grice 交际原则，他们只是对语用不合理的现象更加宽容（即语用容忍假设，pragmatic tolerance hypothesis）。也就是说，在理解信息不充分的话语时，儿童没有将这种对交际原则的违反当成进行进一步推理的充分依据，从而没有据此产生一般含意的解读。这可能意味着，由于一般含意往往与特定语言形式（如："有的"、"或者"等）共现，它的理解存在一个规则固化的过程：初期，由于缺乏有关说话人意图的统计事实，一般含意理解的固定路径还没有形成，儿童的解读可能需要推测当前的说话人意图；随着长期的言语交际经验的积累，一般含意推理的规则逐渐形成并固定下来，使得个体能够更多地将语用不合理的话语视作错误或不符合现实的表述。

　　结合以往发展心理学领域的研究以及语义最小论的观点，我们认为特殊与一般含意涉及的不同推理系统之间的关系并非截然对立。对于特殊含意，由于其并不与某种语言形式绑定，个体难以从以往的交际经验中获得准确的关于特殊含意复原方向的经验，从而使得每一次理解特殊含意时个体都需要借助当前的具体情境和社会语境信息加以推理，因此就需要完整的心理理论加工网络来支持。然而，对于一般含意，由于其与特定语言形式（如："有的"、"或者"等）共现，长期的交际经验使得其推理过程形成了固定的方向和路径，从而这一过程逐渐能够脱离特定语境的支持进行，因此一般含意的推理过程仅涉及 mPFC 的参与。正因如此，在一般含意理解过程中，mPFC 的激活很可能反映了一种更加凝

练而抽象的语用推理过程，该过程更多地依赖于交际经验，而非临时的
语境信息。

6.2.3　特殊含意理解的推理过程

与一般含意不同，特殊含意并不与某种语言形式绑定，个体难以从
以往的交际经验中获得准确的、关于特殊含意复原方向的经验。特殊含意
和一般含意的比较也提示我们，特殊含意理解涉及整体而一般化的语用
系统。那么，个体究竟采取怎样的方式理解特殊含意呢？不同的理论持
有相左的观点。一方面，关联理论认为，含意理解中的语用推理是一个
仅含有消除式规则（elimination rules）的自动演绎的推理过程（Sperber &
Wilson, 1986; Jiang, 2001），其逻辑链是顺向的（forward）。话语解读取
决于特定语境的关联约束，其推理过程最终并不指向最佳的解读。但是，
话语中的哪些部分应该得到关注？推理朝着怎样的方向展开？这些问题
难以通过单纯的顺向链推理得到解答。另一方面，Grice 理论和语义最小
论则认为特殊含意理解中的语用推理具有溯因推理的性质（Borg, 2004,
2009; Hobbs et al., 1993；蒋严，2002）。溯因推理是一个根据结果推想原
因的过程，其逻辑链是逆向的（backward）。这似乎解释了我们为何能在
绝大多数情况下能正确理解他人，但却对如何在时间和信息不足的情况
下构建可能的原因、得到最佳解读缺少认识。综合神经科学研究发现，
将为窥测特殊含意理解的认知过程提供更具体的依据。

综合研究一和研究二的实验结果，我们证实了特殊会话含意理解至
少涉及语义扩充（语言网络的激活）和心理理论推理（ToM 网络的激
活）两个认知成分，并且无论是语义扩充还是心理理论推理都对语境敏
感（context-sensitive）。

首先，特殊含意解读的生成比起字面意义解读的生成需要额外的
语言加工。特殊含意相关的研究大都关注具有特殊含意的话语与不具
有特殊含意的话语之间的比较，并发现特殊含意理解需要包括双侧 IFG
和 MTG 在内的核心语言网络（元分析见 Yang et al., 2019）。左侧 IFG、
MTG 以及其右半球同源脑区被认为是语义统合网络的重要组件（综述见

Hagoort, 2017）。在句子和话语层面上，这些脑区的激活反映了对含有多个词语的语言单元进行连贯解释的组合过程。其中，左侧颞叶负责精细的语义编码；而右侧颞叶负责在较广的范围内提取意义，生成广泛但强度较弱的语义场，从而使得个体能够高效地整合语义场中的所有语义信息（Beeman, 1993；综述见 Jung-Beeman, 2005）。在特殊含意理解时，核心语言网络的参与反映了通过更加细致（更加广泛）的语义激活和整合进行临场概念（ad hoc concept）的构建和语义调整（Sperber & Wilson, 2008；蒋严、袁影，2010）。此外，当更加精细地对语境信息进行操纵时，语言加工的脑网络精细化地反映了由话语与语境的语义关联降低所带来的逐渐升高的认知需求，并且负责语言加工的双侧 MTG 和左侧 IFG 区域的神经活动具有相当的任务独立性，能够较为自动化地发生（本书研究二；Wakusawa et al., 2007）。这表明，语用推理涉及的额外语义加工过程可能不受到注意资源或理解意图的限制，而是具有自动演绎的性质。

其次，以往研究发现，相比于字面意义理解，特殊含意理解引发了包括内侧前额皮层、双侧颞顶联合区和楔前叶在内的心理理论网络的激活。心理理论是指个体凭借一定的知识系统，对自身或他人的心理状态（包括信念、意图、情感和感受等）进行推测，并据此对行为做出因果性解释与预测的能力（Mar, 2011）。心理理论网络是指承担这一认知功能的脑网络，主要包括双侧颞顶联合区、内侧前额皮层和楔前叶（Lee & McCarthy, 2016）。其中，颞顶联合区指的是颞叶和顶叶的交界处，被认为是心理理论网络中最为关键的、表征目的和意图的脑区（Saxe & Powell, 2006），负责从大量信息中提取并整合社会语境信息，引导注意和决策（Schaafsma et al., 2015）；内侧前额皮层承担了关于行为和判断（包括目的和意图）的推理加工（Van der Cruyssen et al., 2009）；楔前叶参与视觉想象和情境信息提取过程（Cavanna & Trimble, 2006）。在言语交际过程中，心理理论网络的神经活动反映了会话参与者对他人交际意图的加工（Enrici et al., 2019）。大量研究表明，在进行语用推理时，语言网络与心理理论网络之间有更强的功能连接（Feng et al., 2017; Spotorno et al., 2012; Tettamanti et al., 2017; van Ackeren et al., 2016）。这两个脑网络之间的信息沟通可能说明，在语言网络中以自动演绎方式不断生成话语解读的过程并不是无秩序无方向的，它受到有关说话人意图的推测的引导，这些信息来自于心理理论网络对社会性语境信息的提取和整合。这意味着语用推理过程同时具有溯因推理的性质。

据此，我们认为，特殊含意理解所需要的完整语用系统既包含自动演绎的成分，也包含溯因推理的成分。一方面，自动演绎系统通过更加细致而广泛的语义激活和整合进行临场概念的构建和语义调整，这一语义扩充的过程并不需要明确的理解意图驱动。另一方面，由自动演绎带来的话语解读的不断生成并不是盲目的，其方向由心理理论网络推定的当前语境下的说话人意图决定；特别是，当语境中给出的关联信息较少时，听话人需要更加充分地利用心理理论能力，对当前情境下说话人意图进行深入分析和恰当推测。这一过程涉及溯因推理，需要对话双方的合作和听话人明确的理解意图才能够进行。这种可能性不仅能够很好地解释我们的实验发现，同时也符合个体进行语用推理的一般特征。首先，在进行语用推理时，个体往往缺乏"时间"和"信息"。为了追求高效，个体需要放弃尽善尽美的标准，进行有瑕而实用的推理（Gabbay & Woods, 2003）。也就是说，语用推理的使用者应该更像一个适可而止而容易满足的人，而不是尽善尽美、追求唯一最佳解读的人。因此，对话参与者难以使用纯粹的溯因推理模式进行语用理解。其次，语用推理并非大海捞针（Strawson, 1952）。话语中的哪些部分应该得到关注，推理朝着怎样的方向展开，推理将进行到何种深度，这些问题同样难以通过单纯的顺向链推理得到解答。因此，基于一定的交际原则（合作、礼貌等），对说话人的意图和信念加以确定，这似乎也是语用推理过程所必需的。

值得注意的是，我们的研究表明心理理论推理参与特殊含意的理解过程，然而个体的心理理论推理能力与含意解读效率并非线性相关（见 4.3.2 实验二结果）。这可能提示，存在一个灵活的机制，使得个体能够根据具体语境调整语用推理过程中自动演绎系统和溯因推理系统之间的协同关系，从而高效地实现话语意义解读。考虑到心理理论脑区（dmPFC）与认知控制网络在理解特殊会话含意时的互动增加（见 4.2.2.4 实验一结果），这一协同过程可能受到认知控制系统的调节，其背后的机制有待后续的实证研究加以探究。

6.3 创新性

本书的创新之处主要体现在以下三个方面。

首先，在以往的实证研究中，研究者们大多只孤立地探究特殊含意或是一般含意的认知和神经机制，这些研究为探究含意理解的过程积累了重要的证据。然而，语言语用学理论注重建立不同意义类型之间的层级关系，这有助于系统性地理解言语或话语背后的深层机制。因此，在考察特殊含意理解的认知和神经机制时，我们不能仅仅孤立地关注特殊含意的加工。在本书中，我们的一个重要的贡献在于，通过在同一个实验中直接比较特殊与一般含意的理解过程，为语用学领域的理论争议的解决提供了一些新的证据。

其次，目前关于会话含意的脑成像研究虽然已得到了许多重要的结果，但从大脑神经表征模式的角度开展的研究刚刚起步。有关会话含意理解的脑成像研究都采用单变量分析的方法，即考察某个大脑区域的活动信号在不同条件间是否存在差异。然而，使用这些传统分析方法对脑成像数据进行解释不可避免地要依赖于不严谨的反向推理（Poldrack，2011）。因此，我们不能仅凭借单变量的脑区激活去推断认知功能，因为在这两者之间没有一一映射的对应关系；甚至当两种心理状态激活了相互重叠的大脑区域时，我们也不能说它们共享了相同的认知过程（参见 Woo et al., 2014）。相比于传统单变量分析，针对特定加工的神经活动模式得到的神经相关物更接近大脑对特定心理状态的表征（Haynes & Rees, 2006; Haynes, 2015）。此外，基于元分析数据库的神经解码更好地帮助我们界定某一大脑活动模式究竟反映了怎样的认知过程（Poldrack & Yarkoni, 2016）。因而，通过综合利用这些数据分析方法，我们在一定程度上克服了单变量方法的局限，通过模式的性质更好地、更深入地理解含意加工在神经层面的机制和谱系。

最后，从格赖斯对特殊与一般含意的区分上就不难看出语境信息对于特殊含意理解的重要性。但同时，正如我们在 1.3 节中指出的那样，语境是一个非常广泛的概念，它包括狭义的言语上下文信息、当前情景下的信息，以及长期积累的关于文化背景的信息。然而，以往研究对于语境的直接且系统的操纵十分有限。因此，本书通过精细化地操纵语境信息的不同层次，在一定程度上为更加深入地探索特殊会话含意理解过程中语境信息的加工提供了可能性。此外，特殊含意理解所涉及的各个认知成分的任务独立性程度不同。其中，语义信息或社会语境信息的提取乃至整合加工（至少在一定程度上）能够较为自动化地进行，而涉及执行功能和推理加工的认知过程则需要由明确的理解意图驱动。这一发现可能为今后探究语言和心理理论网络之间的协作关系提供一些具有启发性的认识。

6.4 研究展望

本研究从不同角度探讨了会话含意理解的认知神经机制。但是，本研究仅对其机制进行了初步而有限的探索，仍然存在很多重要的理论和实证问题尚未解决，这些内容有待进一步的研究给出解答。

第一，本书对特殊含意理解过程的考察主要集中在脑区的活动强度和活动模式，并没有揭示脑区之间的功能连接关系。正如我们的研究所发现的，特殊含意的理解受到语言加工和心理理论加工两个脑网络的支持。尽管已有研究表明这两个脑网络中的各个脑区在理解含意时功能连接增强，然而二者在任务状态下如何协同作用依然没有得到全面揭示。因此，在未来的研究中，需要进一步考察任务状态下语言加工和心理理论加工两个脑网络之间的交互关系。

第二，本书主要采用空间分辨率高而时间分辨率相对较低的 fMRI 技术，考察会话含意理解所涉及的认知神经成分。因而，难以观测到会话含意理解在时间上的动态进程。脑磁图（MEG）巧妙地弥补了 fMRI

技术的不足，它通过探测大脑生物电活动产生的磁信号，可实时探测大脑的神经活动，同时具有毫米级的空间分辨率和毫秒级的时间分辨率，成为多模态脑功能成像研究的重要研究手段。在未来的研究中，需要采用 MEG（或 EEG）等时间分辨率较高的技术手段，探究会话含意（特别是特殊会话含意）理解过程的时间进程。

第三，本书主要考察群组水平的会话含意理解的认知神经过程，而较少地关注特殊会话理解的个体差异问题。在实验一中，我们发现，社会能力越强的个体，在理解特殊含意时 dmPFC 的神经活动水平越高。以往的研究证据也指出，语用加工过程与个体的认知共情、工作记忆等能力有关（Li et al., 2014; Zhang et al., 2021）。可见，一些非语言的认知能力可能是语用推理实现的基石。因此，在未来的研究中，对于个体差异的深入探究能够为更加充分而精细地理解语用推理的认知和神经机制提供证据。

6.5 结论

本书所述的三种语用学理论对特殊含意与一般会话含意加工持有不同观点。新格赖斯学派的默认理论认为二者涉及的认知机制截然对立，关联理论认为二者共享相同的认知机制，而语义最小论的观点认为二者并非完全不同，且一般含意理解所涉及的认知过程可以看作是特殊含意理解所涉及的认知过程的一种抽象或固化形式。从这一理论争议入手，我们综合利用行为测量、功能性磁共振成像技术和非侵入性脑刺激技术等研究手段，系统考察了会话含意理解的认知和神经机制。本书的研究结果显示，特殊含意和一般含意理解共享相同的语言加工过程，但特殊含意理解特异性地调用了心理理论相关的推理过程。在理解特殊含意时，话语语境关联的降低使得个体需要对语境信息进行更加深入而广泛的加工，并且语言加工脑网络和心理理论加工脑网络中关键脑区的神经活动均能够精细化地反映这种认知需求的提升。此外，在特殊含意理解所涉及的加工过程中，语义信息或社会语境信息的提取乃至整合加工能够较自动地进行，而涉及推理和执行控制的认知过程则需要由明确的理解意图驱动。这些发现支持了 Grice 对特殊含意与一般含意的直觉性区分，也印证了语义最小论对二者关系的描述，使得我们对会话含意理解的认知机制有了更加具体的认识。

参考文献

Adams, R. B., & Janata, P. (2002). A comparison of neural circuits underlying auditory and visual object categorization. *Neuroimage, 16*(2), 361-377.

Aguirre, G. K. (2003). Functional imaging in behavioral neurology and cognitive neuropsychology. In T. E. Feinberg & M. J. Farah (Eds.), *Behavioral Neurology and Cognitive Neuropsychology* (pp. 35-46). New York: McGraw Hill.

Alatawi, H. (2019). Empirical evidence on scalar implicature processing at the behavioural and neural levels: A review. *International Review of Pragmatics, 11*(1), 1-21.

Amodio, D. M., & Frith, C. D. (2006). Meeting of minds: The medial frontal cortex and social cognition. *Nature Reviews Neuroscience, 7*(4), 268-277.

Armstrong, A. M., & Dienes, Z. (2013). Subliminal understanding of negation: Unconscious control by subliminal processing of word pairs. *Consciousness and Cognition, 22*(3), 1022-1040.

Ashburner, J., & Friston, K. J. (2005). Unified segmentation. *Neuroimage, 26*(3), 839-851.

Augurzky, P., Franke, M., & Ulrich, R. (2019). Gricean expectations in online sentence comprehension: An ERP study on the processing of scalar inferences. *Cognitive Science, 43*(8), e12776.

Axelrod, V., Bar, M., Rees, G., & Yovel, G. (2014). Neural correlates of subliminal language processing. *Cerebral Cortex, 25*(8), 2160-2169.

Baayen, R. H., Davidson, D. J., & Bates, D. M. (2008). Mixed-effects modeling with crossed random effects for subjects and items. *Journal of Memory and Language, 59*(4), 390-412.

Baron-Cohen, S., Wheelwright, S., Skinner, R., Martin, J., & Clubley, E. (2001). The autism-spectrum quotient (AQ): Evidence from asperger syndrome/high-functioning autism, males and females, scientists and mathematicians. *Journal of Autism and Developmental Disorders, 31*(1), 5-17.

Barr, D. J., Levy, R., Scheepers, C., & Tily, H. J. (2013). Random effects structure for confirmatory hypothesis testing: Keep it maximal. *Journal of Memory and Language, 68*(3), 255-278.

Bartolo, A., Benuzzi, F., Nocetti, L., Baraldi, P., & Nichelli, P. (2006). Humor comprehension and appreciation: An FMRI study. *Journal of Cognitive Neuroscience, 18*(11), 1789-1798.

Bašnáková, J., Berkum, J. V., Weber, K., & Hagoort, P. (2015). A job interview in the MRI scanner: How does indirectness affect addressees and overhearers? *Neuropsychologia, 76*, 79-91.

Bašnáková, J., Weber, K., Petersson, K. M., Van, B. J., & Hagoort, P. (2014). Beyond the language given: The neural correlates of inferring speaker meaning. *Cerebral Cortex, 24*(10), 2572-2578.

Beeman, M. (1993). Semantic processing in the right hemisphere may contribute to drawing inferences from discourse. *Brain and Language, 44*(1), 80-120.

Benjamini, Y., & Hochberg, Y. (1995). Controlling the false discovery rate: A practical and powerful approach to multiple testing. *Journal of the Royal Statistical Society. Series B (Methodological)*, 289-300.

Ben-Shachar, M., Palti, D., & Grodzinsky, Y. (2004). Neural correlates of syntactic movement: Converging evidence from two fMRI experiments. *Neuroimage, 21*(4), 1320-1336.

Bergen, L., & Grodner, D. J. (2012). Speaker knowledge influences the comprehension of pragmatic inferences. *Journal of Experimental Psychology: Learning, Memory, and Cognition, 38*(5), 1450-1460.

Binder, J. R., Desai, R. H., Graves, W. W., & Conant, L. L. (2009). Where is the semantic system? A critical review and meta-analysis of 120 functional neuroimaging studies. *Cerebral Cortex, 19*(12), 2767-2796.

Binder, J. R., Frost, J. A., Hammeke, T. A., Cox, R. W., Rao, S. M., & Prieto, T. (1997). Human brain language areas identified by functional magnetic resonance imaging. *Journal of Neuroscience, 17*(1), 353-362.

Blank, I., Kanwisher, N., & Fedorenko, E. (2014). A functional dissociation between language and multiple-demand systems revealed in patterns of BOLD signal fluctuations. *Journal of Neurophysiology, 112*(5), 1105-1118.

Bohrn, I. C., Altmann, U., & Jacobs, A. M. (2012). Looking at the brains behind figurative language —a quantitative meta-analysis of neuroimaging studies on metaphor, idiom, and irony processing. *Neuropsychologia, 50*(11), 2669-2683.

Bonnefon, J. F., Feeney, A., & Villejoubert, G. (2009). When some is actually all: Scalar inferences in face-threatening contexts. *Cognition, 112*(2), 249-258.

Borg, E. (2004). *Minimal Semantics*. Oxford: Oxford University Press.

Borg, E. (2009). On Three Theories of Implicature: Default theory, relevance theory and minimalism. *International Review of Pragmatics, 1*(1), 63-83.

Bott, L., & Noveck, I. A. (2004). Some utterances are underinformative: The onset and time course of scalar inferences. *Journal of Memory and Language, 51*(3), 437-457.

Bott, L., Bailey, T. M., & Grodner, D. (2012). Distinguishing speed from accuracy in scalar implicatures. *Journal of Memory and Language, 66*(1), 123-142.

Breheny, R., Ferguson, H. J., & Katsos, N. (2013). Investigating the time course of accessing conversational implicatures during incremental sentence interpretation. *Language and Cognitive Processes, 28*, 443-467.

Breheny, R., Katsos, N., & Williams, J. (2006). Are generalised scalar implicatures generated by default? An on-line investigation into the role of context in generating pragmatic inferences. *Cognition, 100*(3), 434-463.

Brown, P., & Levinson, S. C. (1978). Universals in language usage: Politeness phenomena. In E. N. Goody (Ed.), *Questions and Politeness: Strategies in Social Interaction* (pp. 56-311). Cambridge: Cambridge University Press.

Brown, P., & Levinson, S. C. (1987). *Politeness: Some Universals in Language Usage* (Vol. 4). Cambridge: Cambridge University Press.

Brüne, M., & Bodenstein, L. (2005). Proverb comprehension reconsidered—"theory of mind" and the pragmatic use of language in schizophrenia. *Schizophrenia Research, 75*(2-3), 233-239.

Bush, G., & Shin, L. M. (2006). The multi-source interference task: An fMRI task that reliably activates the cingulo-frontal-parietal cognitive/attention network. *Nature Protocols, 1*(1), 308-313.

Cai, Q., & Brysbaert, M. (2010). SUBTLEX-CH: Chinese word and character frequencies based on film subtitles. *Plos One, 5*(6), e10729.

Cappelen, H. & E. Lepore (2005). *Insensitive Semantics: A Defense of Semantic Minimalism and Speech Act Pluralism.* Oxford: Blackwell.

Carston, R. (1998). Informativeness, relevance and scalar implicature. *Pragmatics and Beyond New Series*, 179-238.

Carston, R. (2004). Relevance theory and the saying/implicating distinction. In L. Horn & G. Ward (Eds.), *The Handbook of Pragmatics* (pp. 633-656). Oxford: Blackwell.

Carter, M. K., & Huettel, S. A. (2013). A nexus model of the temporal-parietal junction. *Trends in Cognitive Sciences, 17*(7), 328-336.

Carter, R. M., Bowling, D. L., Reeck, C., & Huettel, S. A. (2012). A distinct role of the temporal-parietal junction in predicting socially guided decisions. *Science, 337*(6090), 109.

Cavanna, A. E., & Trimble, M. R. (2006). The precuneus: A review of its functional anatomy and behavioural correlates. *Brain, 129*(3), 564-583.

Chan, Y. C., Chou, T. L., Chen, H. C., Yeh, Y. C., Lavallee, J. P., & Liang, K. C., et al. (2013). Towards a neural circuit model of verbal humor processing: An fmri study of the neural substrates of incongruity detection and resolution. *Neuroimage, 66*(1), 169-176.

Chang, L. J., Gianaros, P. J., Manuck, S. B., Krishnan, A., & Wager, T. D. (2015). A sensitive and specific neural signature for picture-induced negative affect. *PLOS Biology, 13*, Article e1002180.

Chen, M. Y., Jimura, K., White, C. N., Maddox, W. T., & Poldrack, R. A. (2015). Multiple brain networks contribute to the acquisition of bias in perceptual decision-making. *Frontiers in Neuroscience, 9*(63), 1-13.

Chierchia, G. (2004). Scalar implicatures, polarity phenomena, and the syntax/ pragmatics interface. In A. Belletti & L. Rizzi (Eds.), *Structures and Beyond* (pp. 39-103). Oxford: Oxford University Press.

Clark, H. (1985). Language use and language users. In G. Lindzey & E. Aronson (Eds.), *The Handbook of Social Psychology* (3rd ed., Vol. 2, pp. 179-232). Reading, MA: Addison-Wesley.

Clark, H. (1996). *Using Language.* Cambridge: Cambridge University Press.

Cohen, N., Moyal, N., Lichtenstein-Vidne, L., & Henik, A. (2016). Explicit vs. implicit emotional processing: The interaction between processing type and executive control. *Cognition and Emotion, 30*(2), 325-339.

Constable, R. T., Pugh, K. R., Berroya, E., Mencl, W. E., Westerveld, M., Ni, W., & Shankweiler, D. (2004). Sentence complexity and input modality effects in sentence comprehension: An fMRI study. *Neuroimage, 22*(1), 11-21.

Corbetta, M., & Shulman, G. L. (2002). Control of goal-directed and stimulus-driven attention in the brain. *Nature Reviews Neuroscience, 3*(3), 201-215.

Corradi-Dell'Acqua, C., Hofstetter, C., & Vuilleumier, P. (2011). Felt and seen pain evoke the same local patterns of cortical activity in insular and cingulate cortex. *Journal of Neuroscience, 31*(49), 17996-18006.

Cuerva, A. G., Sabe, L., Kuzis, G., Tiberti, C., Dorrego, F., & Starkstein, S. E. (2001). Theory of mind and pragmatic abilities in dementia. *Neuropsychiatry, Neuropsychology, and Behavioral Neurology, 14*(3), 153-158.

Cummings, L. (2017). Cognitive aspects of pragmatic disorders. In L. Cummings (Ed.), *Research in Clinical Pragmatics*. Dordrecht, NL: Springer International Publishing.

Dai, R. H., Chen, H. C., Chan, Y. C., Wu, C. L., Li, P., & Cho, S. L., et al. (2017). To resolve or not to resolve, that is the question: The dual-path model of incongruity resolution and absurd verbal humor by fMRI. *Frontiers in Psychology, 8*(498), 1-13.

Davis, M. H., Coleman, M. R., Absalom, A. R., Rodd, J. M., Johnsrude, I. S., Matta, B. F., ... & Menon, D. K. (2007). Dissociating speech perception and comprehension at reduced levels of awareness. *Proceedings of the National Academy of Sciences, 104*(41), 16032-16037.

Davis, W. A. (2010). *Implicature: Intention, Convention, and Principle in the Failure of Gricean Theory*. Cambridge: Cambridge University Press.

De Lange, F. P., Spronk, M., Willems, R. M., Toni, I., & Bekkering, H. (2008). Complementary systems for understanding action intentions. *Current Biology, 18*(6), 454-457.

De Neys, W., & Schaeken, W. (2007). When people are more logical under cognitive load: Dual task impact on scalar implicature. *Experimental Psychology, 54*(2), 128-133.

Deerwester, S., Dumais, S. T., Furnas, G. W., Landauer, T. K., & Harshman, R. (1990). Indexing by latent semantic analysis. *Journal of the American Society for Information Science, 41*(6), 391.

Degen, J., & Tanenhaus, M. K. (2016). Availability of alternatives and the processing of scalar implicatures: A visual world eye-tracking study. *Cognitive Science, 40*, 172-201.

Diedenhofen, B., & Musch, J. (2015). Cocor: A comprehensive solution for the statistical comparison of correlations. *Plos One, 10*(3), Article e0121945.

Dodell-Feder, D., Koster-Hale, J., Bedny, M., & Saxe, R. (2011). FMRI item analysis in a theory of mind task. *Neuroimage, 55*(2), 705-712.

Duncan, J. (2010). The multiple-demand (MD) system of the primate brain: Mental programs for intelligent behaviour. *Trends in Cognitive Sciences, 14*(4), 172-179.

Eckardt, R. (2007). Licensing "or". In U. Sauerland, & P. Stateva (Eds.), *Presupposition and Implicature in Compositional Semantics* (pp. 34-70). Houndmills, Basingstoke, Hampshire: Palgrave Macmillan.

Egorova, N., Pulvermüller, F., & Shtyrov, Y. (2014). Neural dynamics of speech act comprehension: An MEG study of naming and requesting. *Brain Topography, 27*(3), 375-392.

Enrici, I., Bara, B. G., & Adenzato, M. (2019). Theory of Mind, pragmatics and the brain: Converging evidence for the role of intention processing as a core feature of human communication. *Pragmatics & Cognition, 26*(1), 5-38.

Eviatar, Z., & Just, M. A. (2006). Brain correlates of discourse processing: An fMRI investigation of irony and conventional metaphor comprehension. *Neuropsychologia, 44*(12), 2348–2359.

Fekete, I., Gerőcs, M., Babarczy, A., & Surányi, B. (2014). Logical and Pragmatic Meaning in the Interpretation of Connectives: Scalar Implicatures and "Shallow" Processing. In J. Emonds & M. Janebová (Eds.), *Language Use and Linguistic Structure. Proceedings of the Olomouc Linguistics Colloquium* (pp. 171-180). Olomouc: Palacký University.

Feng, W., Wu, Y., Jan, C., Yu, H., Jiang, X., & Zhou, X. (2017). Effects of contextual relevance on pragmatic inference during conversation: An fMRI study. *Brain and Language, 171*, 52-61.

Ferstl, E. C., & von Cramon, D. Y. (2001). The role of coherence and cohesion in text comprehension: An event-related fMRI study. *Cognitive Brain Research, 11*(3), 325-340.

Ferstl, E. C., & von Cramon, D. Y. (2002). What does the frontomedian cortex contribute to language processing: Coherence or theory of mind? *Neuroimage, 17*(3), 1599.

Ferstl, E. C., Neumann, J., Bogler, C., & von Cramon, D. Y. (2008). The extended language network: A meta-analysis of neuroimaging studies on text comprehension. *Human Brain Mapping, 29*(5), 581-593.

Fletcher, P. C., Happé, F., Frith, U., Baker, S. C., Dolan, R. J., & Frackowiak, R. S. (1995). Other minds in the brain: A functional imaging study of "theory of mind" in story comprehension. *Cognition, 57*(2), 109-128.

Friederici, A. D. (2002). Towards a neural basis of auditory sentence processing. *Trends in Cognitive Sciences, 6*(2), 78-84.

Friederici, A. D. (2011). The brain basis of language processing: From structure to function. *Physiological Reviews, 91*, 1357-1392.

Friederici, A. D., Rueschemeyer, S. A., Hahne, A., & Fiebach, C. J. (2003). The role of left inferior frontal and superior temporal cortex in sentence comprehension: Localizing syntactic and semantic processes. *Cerebral Cortex, 13*(2), 170-177.

Friston, K. J., Buechel, C., Fink, G. R., Morris, J., Rolls, E., & Dolan, R. J. (1997). Psychophysiological and modulatory interactions in neuroimaging. *Neuroimage, 6*(3), 218-229.

Friston, K. J., Holmes, A. P., Price, C. J., Büchel, C., & Worsley, K. J. (1999). Multi-subject fMRI studies and conjunction analyses. *Neuroimage, 10*(4), 385-396.

Frith, C. D., & Frith, U. (1999). Interacting minds—a biological basis. *Science, 286*(5445), 1692-1695.

Gabbay, M. D. & Woods, J. (2003). *Agenda Relevance: A Study in Formal Pragmatics* (Vol. 1). Amsterdam: Elsevier.

Gandiga, P. C., Hummel, F. C., & Cohen, L. G. (2006). Transcranial DC stimulation (tDCS): A tool for double-blind sham-controlled clinical studies in brain stimulation. *Clinical Neurophysiology, 117*(4), 845-850.

Gavilán, J. M., & García-Albea, J. E. (2011). Theory of mind and language comprehension in schizophrenia: Poor mindreading affects figurative language comprehension beyond intelligence deficits. *Journal of Neurolinguistics, 24*(1), 54-69.

Gbadeyan, O., Steinhauser, M., McMahon, K., & Meinzer, M. (2016). Safety, tolerability, blinding efficacy and behavioural effects of a novel MRI-compatible, high-definition tDCS set-up. *Brain Stimulation, 9*(4), 545-552.

Gilbert, S. J. (2011). Decoding the content of delayed intentions. *Journal of Neuroscience, 31*(8), 2888-2894.

Glover, G. H. (2011). Overview of functional magnetic resonance imaging. *Neurosurgery Clinics, 22*(2), 133-139.

Gorgolewski, K. J., Varoquaux, G., Rivera, G., Schwarz, Y., Ghosh, S. S., & Maumet, C., et al. (2015). Neurovault.org: A web-based repository for collecting and sharing unthresholded statistical maps of the human brain. *Frontiers in Neuroinformatics, 9*(8), 1-9.

Grice, H. P. (1975). Logic and Conversation. In P. Cole & J. Morgan (Eds.), *Syntax and Semantics III: Speech Acts* (pp. 41-58). New York: Academic Press.

Grice, H. P. (1989). *Studies in the Way of Words*. Harvard: Harvard University Press.

Grodner, D. J., Klein, N. M., Carbary, K. M., & Tanenhaus, M. K. (2010). "Some," and possibly all, scalar inferences are not delayed: Evidence for immediate pragmatic enrichment. *Cognition, 116*(1), 42-55.

Guasti, M. T., Chierchia, G., Crain, S., Foppolo, F., Gualmini, A., & Meroni, L. (2005). Why children and adults sometimes (but not always) compute implicatures. *Language and Cognitive Processes, 20*(5), 667-696.

Hagoort, P. (2005). On Broca, brain, and binding: A new framework. *Trends in Cognitive Sciences, 9*(9), 416-423.

Hagoort, P. (2013). MUC (memory, unification, control) and beyond. *Frontiers in Psychology, 4*(416), 1-13.

Hagoort, P. (2017). The core and beyond in the language-ready brain. *Neuroscience and Biobehavioral Reviews, 81*, 194-204.

Hagoort, P., & Indefrey, P. (2014). The neurobiology of language beyond single words. *Annual Review of Neuroscience, 37*, 347-362.

Hagoort, P., & Levinson, S. C. (2014). Neuropragmatics. In M. S. Gazzaniga (Ed.), *The Cognitive Neurosciences* (pp. 667-674). Cambridge, MA: MIT Press.

Hagoort, P., Hald, L., Bastiaansen, M., & Petersson, K. M. (2004). Integration of word meaning and world knowledge in language comprehension. *Science, 304*(5669), 438-441.

Hartshorne, J. K., & Snedeker, J. (2014). The speed of inference: Evidence against rapid use of context in calculation of scalar implicature (Unpublished Manuscript, Harvard University).

Hartshorne, J. K., Snedeker, J., Liem Azar, S. Y. M., & Kim, A. E. (2015). The neural computation of scalar implicature. *Language, Cognition and Neuroscience, 30*(5), 620-634.

Haynes, J. D. (2015). A primer on pattern-based approaches to fMRI: Principles, pitfalls, and perspectives. *Neuron, 87*(2), 257-270.

Haynes, J. D., & Rees, G. (2006). Neuroimaging: Decoding mental states from brain activity in humans. *Nature Reviews Neuroscience, 7*(7), 523.

Hickok, G., & Poeppel, D. (2007). The cortical organization of speech processing. *Nature Reviews Neuroscience, 8*(5), 393-402.

Hobbs, J. R., Stickel, M. E., Appelt, D. E., & Martin, P. (1993). Interpretation as abduction. *Artificial Intelligence, 63*(1-2), 69-142.

Hoenig, K., & Scheef, L. (2005). Mediotemporal contributions to semantic processing: FMRI evidence from ambiguity processing during semantic context verification. *Hippocampus, 15*(5), 597-609.

Holtgraves, T., & Han, T. L. (2007). A procedure for studying online conversational processing using a chat bot. *Behavior Research Methods, 39*(1), 156-163.

Holtgraves, T., Srull, T., & Socall, D. (1989). Conversation memory: The effects of speaker status on memory for the assertiveness of conversation remarks. *Journal of Personality and Social Psychology, 56*, 149-160.

Horn, L. R. (1984). Toward a new taxonomy for pragmatic inference: Q-based and R-based implicature. In D. Schiffrin (Ed.), *Meaning, Form, and Use in Context: Linguistic Applications* (pp. 11-42). Washington, DC: Georgetown University Press.

Horn, L. R. (2004). Implicature. In L. R. Horn & G. Ward (Eds.), *The Handbook of Pragmatics* (pp. 2-28). Oxford: Blackwell.

Huang, Y. (2015). Neo-Gricean pragmatic theory of conversational implicature. In B. Heine & H. Narrog (Eds.), *The Oxford Handbook of Linguistic Analysis* (2 ed., pp. 615-640). Oxford: Oxford University Press.

Huang, Y. T., & Snedeker, J. (2009). Online interpretation of scalar quantifiers: Insight into the semantics–pragmatics interface. *Cognitive Psychology, 58*(3), 376-415.

Huang, Y. T., & Snedeker, J. (2011). Logic and conversation revisited: Evidence for a division between semantic and pragmatic content in real-time language comprehension. *Language and Cognitive Processes, 26*(8), 1161-1172.

Hunt III, L., Politzer-Ahles, S., Gibson, L., Minai, U., & Fiorentino, R. (2013). Pragmatic inferences modulate N400 during sentence comprehension: Evidence from picture–sentence verification. *Neuroscience Letters, 534*, 246-251.

Iyer, M. B., Mattu, U., Grafman, J., Lomarev, M., Sato, S., & Wassermann, E. M. (2005). Safety and cognitive effect of frontal DC brain polarization in healthy individuals. *Neurology, 64*, 872-875.

Jang, G., Yoon, S. A., Lee, S. E., Park, H., Kim, J., & Ko, J. H. (2013). Everyday conversation requires cognitive inference: Neural bases of comprehending implicated meanings in conversations. *Neuroimage, 81*(6), 61-72.

Jiang, X. (2018). Prefrontal cortex: Role in language communication during social interaction. In A. Starcevic & B. Filipovic (Eds.), *Prefrontal Cortex* (pp. 137-144). London: IntechOpen.

Jiang, Y. (2001). Abductive reasoning as pragmatic inference–towards a formal theory of pragmatics. In H. Pan (Ed.), *Studies in Chinese Linguistics* (Volume II, pp. 91-115). Hong Kong: Linguistic Society of Hong Kong Book Series.

Jung-Beeman, M. & Chiarello, C. (1998). Complementary right- and left-hemisphere language comprehension. *Current Directions in Psychological Science, 7*(1), 2-8.

Jung-Beeman, M. (2005). Bilateral brain processes for comprehending natural language. *Trends in Cognitive Sciences, 9*(11), 512-518.

Kan, I. P., & Thompson-Schill, S. L. (2004). Selection from perceptual and conceptual representations. *Cognitive Affective & Behavioral Neuroscience, 4*(4), 466-482.

Katsos, N., & Bishop, D. V. (2011). Pragmatic tolerance: Implications for the acquisition of informativeness and implicature. *Cognition, 120*(1), 67-81.

Katsos, N., & Smith, N. (2010). Pragmatic Tolerance or a speaker-comprehender asymmetry in the acquisition of informativeness. In K. Franich, K. M. Iserman, & L. L. Keil (Eds.), *Proceedings of the 34th Annual Boston Conference in Language Development* (pp. 221-232). MA: Cascadilla Press.

Keysers, C., & Gazzola, V. (2007). Integrating simulation and theory of mind: From self to social cognition. *Trends in Cognitive Sciences, 11*(5), 194-196.

Kiehl, K. A., Laurens, K. R., & Liddle, P. F. (2002). Reading anomalous sentences: An event-related fMRI study of semantic processing. *Neuroimage, 17*(2), 842-850.

Kosslyn, S. M. (1999). If neuroimaging is the answer, what is the question? *Philosophical Transactions of the Royal Society of London. Series B: Biological Sciences, 354*(1387), 1283-1294.

Koster-Hale, J., & Saxe, R. (2013). Theory of mind: A neural prediction problem. *Neuron, 79*(5), 836-848.

Krall, S. C., Rottschy, C., Oberwelland, E., Bzdok, D., Fox, P. T., Eickhoff, S. B., ... Konrad, K. (2015). The role of the right temporoparietal junction in attention and social interaction as revealed by ALE meta-analysis. *Brain Structure and Function, 220*(2), 587-604.

Kuperberg, G. R., Lakshmanan, B. M., Caplan, D. N., & Holcomb, P. J. (2006). Making sense of discourse: An fMRI study of causal inferencing across sentences. *Neuroimage, 33*(1), 343-361.

Lakoff, R. (1977). What you can do with words: Politeness, pragmatics and performatives. In A. Rogers, B. Wall, & J. P. Murphy (Eds.), *Proceedings of the Texas Conference on Performatives, Presuppositions and Implicatures* (pp. 79-106). Arlington, VA: Center for Applied Linguistics.

Lee, S. M., & McCarthy, G. (2016). Functional heterogeneity and convergence in the right temporoparietal junction. *Cerebral Cortex, 26*(3), 1108-1116.

Leloup, L., Miletich, D. D., Andriet, G., Vandermeeren, Y., & Samson, D. (2016). Cathodal transcranial direct current stimulation on the right temporo-parietal junction modulates the use of mitigating circumstances during moral judgments. *Frontiers in Human Neuroscience, 10*, 355.

Levinson, S. C. (1995). Three levels of meaning. In F. Palmer (Ed.), *Grammar and Meaning: Essays in Honour of Sir John Lyons* (pp. 90-115). Cambridge: Cambridge University Press.

Levinson, S. C. (2000). *Presumptive Meanings: The Theory of Generalized Conversational Implicature*. Cambridge, MA: MIT Press.

Li, R., Smith, D. V., Clithero, J. A., Venkatraman, V., Carter, R. M., & Huettel, S. A. (2017). Reason's enemy is not emotion: Engagement of cognitive control networks explains biases in gain/loss framing. *Journal of Neuroscience, 37*(13), 3588-3598.

Li, S., Jiang, X., Yu, H., & Zhou, X. (2014). Cognitive empathy modulates the processing of pragmatic constraints during sentence comprehension. *Social Cognitive and Affective Neuroscience, 9*, 1166-1174.

Lin, N., Yang, X., Li, J., Wang, S., Hua, H., Ma, Y., & Li, X. (2018). Neural correlates of three cognitive processes involved in theory of mind and discourse comprehension. *Cognitive, Affective, & Behavioral Neuroscience, 18*(2), 273-283.

Lyons, J. (1977). *Semantics: Volume 2*. Cambridge: Cambridge University Press.

Malinowski, B. (1923). The problem of meaning in primitive languages. In C. Ogden & I. Richards (Eds.), *The Meaning of Meaning: A Study of the Influence of Language upon Thought and of the Science of Symbolism* (pp. 296-336). London: Kegan Paul, Trend, Trubner.

Mar, R. A. (2011). The neural bases of social cognition and story comprehension. *Annual Review of Psychology, 62*(1), 103-134.

Martin, I., & McDonald, S. (2003). Weak coherence, no theory of mind, or executive dysfunction? Solving the puzzle of pragmatic language disorders. *Brain and Language, 85*(3), 451-466.

Martin, I., & McDonald, S. (2004). An exploration of causes of non-literal language problems in individuals with Asperger syndrome. *Journal of Autism and Developmental Disorders, 34*(3), 311-328.

Mason, R. A., & Just, M. A. (2011). Differentiable cortical networks for inferences concerning people's intentions versus physical causality. *Human Brain Mapping, 32*(2), 313-329.

Mather, M., Cacioppo, J. T., & Kanwisher, N. (2013). How fMRI can inform cognitive theories. *Perspectives on Psychological Science, 8*(1), 108-113.

Menenti, L., Petersson, K. M., Scheeringa, R., & Hagoort, P. (2009). When elephants fly: Differential sensitivity of right and left inferior frontal gyri to discourse and world knowledge. *Journal of Cognitive Neuroscience, 21*(12), 2358-2368.

Meyer, M. L., Spunt, R. P., Berkman, E. T., Taylor, S. E., & Lieberman, M. D. (2012). Evidence for social working memory from a parametric functional MRI study. *Proceedings of the National Academy of Sciences, 109*(6), 1883-1888.

Monetta, L., Grindrod, C. M., & Pell, M. D. (2009). Irony comprehension and theory of mind deficits in patients with Parkinson's disease. *Cortex, 45*(8), 972–981.

Muller, F., Simion, A., Reviriego, E., Galera, C., Mazaux, J.-M., Barat, M., & Joseph, P.-A. (2010). Exploring theory of mind after severe traumatic brain injury. *Cortex, 46*(9), 1088-1099.

Nagano-Saito, A., Martinu, K., & Monchi, O. (2014). Function of basal ganglia in bridging cognitive and motor modules to perform an action. *Frontiers in Neuroscience, 8*(187), 1-12.

Nakamura, T., Matsui, T., Utsumi, A., Yamazaki, M., Kai, M., & Harada, T., et al. (2017). The role of the amygdala in incongruity resolution: The case of humor comprehension. *Social Neuroscience*, 1-13.

Ni, W., Constable, R. T., Mencl, W. E., Pugh, K. R., Fulbright, R. K., & Shaywitz, S. E., et al. (2000). An event-related neuroimaging study distinguishing form and content in sentence processing. *Journal of Cognitive Neuroscience, 12*(1), 120-133.

Nichols, T., Brett, M. J., Wager, T., & Poline, J. B. (2005). Valid conjunction inference with the minimum statistic. *Neuroimage, 25*(3), 653-660.

Nieuwland, M. S. (2012). Establishing propositional truth-value in counterfactual and real-world contexts during sentence comprehension: Differential sensitivity of the left and right inferior frontal gyri. *Neuroimage, 59*(4), 3433-3440.

Nieuwland, M. S., Ditman, T., & Kuperberg, G. R. (2010). On the incrementality of pragmatic processing: An ERP investigation of informativeness and pragmatic abilities. *Journal of Memory and Language, 63*(3), 324-346.

Nieuwland, M. S., Petersson, K. M., & Berkum, J. J. A. V. (2007). On sense and reference: Examining the functional neuroanatomy of referential processing. *Neuroimage, 37*(3), 993-1004.

Nihonsugi, T., Ihara, A., & Haruno, M. (2015). Selective increase of intention-based economic decisions by noninvasive brain stimulation to the dorsolateral prefrontal cortex. *Journal of Neuroscience, 35*(8), 3412-3419.

Nitsche, M. A., & Paulus, W. (2001). Sustained excitability elevations induced by transcranial DC motor cortex stimulation in humans. *Neurology, 57*(10), 1899-1901.

Noveck, I. & Posada, A. (2003). Characterizing the time course of an implicature: An evoked potential study. *Brain and Language, 85*, 203-210.

Noveck, I. & Reboul, A. (2008). Experimental pragmatics: A Gricean turn in the study of language. *Trends in Cognitive Sciences, 12*(11), 425-431.

Noveck, I. (2001). When children are more logical than adults: Experimental investigations of scalar implicature. *Cognition, 78*, 165-188.

Papafragou, A., & Musolino, J. (2003). Scalar implicatures: Experiments at the semantics–pragmatics interface. *Cognition, 86*(3), 253-282.

Peelen, M. V., & Downing, P. E. (2007). Using multi-voxel pattern analysis of fMRI data to interpret overlapping functional activations. *Trends in Cognitive Sciences, 11*(1), 4-5.

Piovan, C., Gava, L., & Campeol, M. (2016). Theory of Mind and social functioning in schizophrenia: Correlation with figurative language abnormalities, clinical symptoms and general intelligence. *Rivista di Psichiatria, 51*(1), 20-29.

Poldrack, R. A. (2006). Can cognitive processes be inferred from neuroimaging data? *Trends in Cognitive Sciences, 10*(2), 59-63.

Poldrack, R. A. (2011). Inferring mental states from neuroimaging data: From reverse inference to large-scale decoding. *Neuron, 72*(5), 692-697.

Poldrack, R. A., & Yarkoni, T. (2016). From brain maps to cognitive ontologies: Informatics and the search for mental structure. *Annual Review of Psychology, 67*(1), 587-612.

Politzer-Ahles, S., & Gwilliams, L. (2015). Involvement of prefrontal cortex in scalar implicatures: Evidence from magnetoencephalography. *Language, Cognition and Neuroscience, 30*(7), 853-866.

Politzer-Ahles, S., & Husband, E. M. (2018). Eye movement evidence for context-sensitive derivation of scalar inferences. *Collabra: Psychology, 4*(1), 1-13.

Politzer-Ahles, S., Fiorentino, R., Jiang, X., & Zhou, X. (2013). Distinct neural correlates for pragmatic and semantic meaning processing: An event-related potential investigation of scalar implicature processing using picture-sentence verification. *Brain Research, 1490*, 134-152.

Poreisz, C., Boros, K., Antal, A., & Paulus, W. (2007). Safety aspects of transcranial direct current stimulation concerning healthy subjects and patients. *Brain Research Bulletin, 72*, 208-214.

Preacher, K. J., & Hayes, A. F. (2008). Asymptotic and resampling strategies for assessing and comparing indirect effects in multiple mediator models. *Behavior Research Methods, 40*(3), 879-891.

Premack, D., & Woodruff, G. (1978). Does the chimpanzee have a theory of mind? *Behavioral & Brain Sciences, 1*(4), 515-526.

Price, A. R., Peelle, J. E., Bonner, M. F., Grossman, M., & Hamilton, R. H. (2016). Causal evidence for a mechanism of semantic integration in the angular gyrus as revealed by high-definition transcranial direct current stimulation. *Journal of Neuroscience, 36*(13), 3829.

Rapp, A. M., Leube, D. T., Erb, M., Grodd, W., & Kircher, T. T. J. (2004). Neural correlates of metaphor processing. *Cognitive Brain Research, 20*(3), 395-402.

Rapp, A. M., Leube, D. T., Erb, M., Grodd, W., & Kircher, T. T. J. (2007). Laterality in metaphor processing: Lack of evidence from functional magnetic resonance imaging for the right hemisphere theory. *Brain and Language, 100*(2), 142-149.

Rapp, A. M., Mutschler, D. E., & Erb, M. (2012). Where in the brain is nonliteral language? A coordinate-based meta-analysis of functional magnetic resonance imaging studies. *Neuroimage, 63*(1), 600-610.

Rapp, A. M., Mutschler, D. E., Wild, B., Erb, M., Lengsfeld, I., & Saur, R., et al. (2010). Neural correlates of irony comprehension: The role of schizotypal personality traits. *Brain and Language, 113*(1), 1-12.

Rodd, J. M., Davis, M. H., & Johnsrude, I. S. (2005). The neural mechanisms of speech comprehension: FMRI studies of semantic ambiguity. *Cerebral Cortex, 15*(8), 1261-1269.

Ross, L. A., & Olson, I. R. (2010). Social cognition and the anterior temporal lobes. *Neuroimage, 49*(4), 3452-3462.

Rubin, T. N., Koyejo, O., Gorgolewski, K. J., Jones, M. N., Poldrack, R. A., & Yarkoni, T. (2016). Decoding brain activity using a large-scale probabilistic functional-anatomical atlas of human cognition. *Plos Computational Biology, 13*(10), e1005649.

Rüschemeyer, S. A., Zysset, S., & Friederici, A. D. (2006). Native and non-native reading of sentences: An fMRI experiment. *Neuroimage, 31*(1), 354-365.

Santiesteban, I., Banissy, M. J., Catmur, C., & Bird, G. (2012). Enhancing social ability by stimulating right temporoparietal junction. *Current Biology, 22*(23), 2274-2277.

Saxe, R. (2006). Uniquely human social cognition. *Current Opinion in Neurobiology, 16*(2), 235-239.

Saxe, R., & Powell, L. J. (2006). It's the thought that counts: Specific brain regions for one component of theory of mind. *Psychological Science, 17*(8), 692-699.

Schaafsma, S. M., Pfaff, D. W., Spunt, R. P., & Adolphs, R. (2015). Deconstructing and reconstructing theory of mind. *Trends in Cognitive Sciences, 19*(2), 65-72.

Shamay-Tsoory, S. G., Tomer, R., & Aharon-Peretz, J. (2005). The neuroanatomical basis of understanding sarcasm and its relationship to social cognition. *Neuropsychology, 19*(3), 288-300.

Shen, B., Yin, Y., Wang, J., Zhou, X., McClure, S. M., & Li, J. (2016). High-definition tDCS alters impulsivity in a baseline-dependent manner. *Neuroimage, 143*, 343-352.

Shetreet, E., Chierchia, G., & Gaab, N. (2014a). When some is not every: Dissociating scalar implicature generation and mismatch. *Human Brain Mapping, 35*(4), 1503-1514.

Shetreet, E., Chierchia, G., & Gaab, N. (2014b). When three is not some: On the pragmatics of numerals. *Journal of Cognitive Neuroscience, 26*(4), 854-863.

Shibata, M., Abe, J. I., Itoh, H., Shimada, K., & Umeda, S. (2011). Neural processing associated with comprehension of an indirect reply during a scenario reading task. *Neuropsychologia, 49*(13), 3542-3550.

Shibata, M., Terasawa, Y., & Umeda, S. (2014). Integration of cognitive and affective networks in humor comprehension. *Neuropsychologia, 65*, 137-145.

Shibata, M., Toyomura, A., Itoh, H., & Abe, J. (2010). Neural substrates of irony comprehension: A functional mri study. *Brain Research, 1308*(3), 114-123.

Siebörger, F. T., Ferstl, E. C., & von Cramon, D. Y. (2007). Making sense of nonsense: An fmri study of task induced inference processes during discourse comprehension. *Brain Research, 1166*(1), 77-91.

Sklar, A. Y., Levy, N., Goldstein, A., Mandel, R., Maril, A., & Hassin, R. R. (2012). Reading and doing arithmetic nonconsciously. *Proceedings of the National Academy of Sciences, 109*(48), 19614-19619.

Sowden, S., Wright, G. R. T., Banissy, M. J., Catmur, C., & Bird, G. (2015). Transcranial current stimulation of the temporoparietal junction improves lie detection. *Current Biology, 25*(18), 2447-2451.

Sperber, D., & Wilson, D. (1986). *Relevance: Communication and Cognition* (Vol. 1). Harvard: Harvard University Press.

Sperber, D., & Wilson, D. (2002). Pragmatics, modularity and mind-reading. *Mind & Language, 17*(1-2), 3-23.

Sperber, D., & Wilson, D. (2008). A deflationary account of metaphors. In W. G. Raymond (Ed.), *The Cambridge Handbook of Metaphor and Thought* (pp. 84-105). Cambridge: Cambridge University Press.

Spotorno, N., Koun, E., Prado, J., Henst, J. B. V. D., & Noveck, I. A. (2012). Neural evidence that utterance-processing entails mentalizing: The case of irony. *Neuroimage, 63*(1), 25-39.

Spychalska, M., Kontinen, J., & Werning, M. (2016). Investigating scalar implicatures in a truth-value judgement task: Evidence from event-related brain potentials. *Language, Cognition and Neuroscience, 31*(6), 817-840.

St George, M., Kutas, M., Martinez, A., & Sereno, M. I. (1999). Semantic integration in reading: Engagement of the right hemisphere during discourse processing. *Brain, 122*(7), 1317-1325.

Stagg, C. J., & Nitsche, M. A. (2011). Physiological basis of transcranial direct current stimulation. *The Neuroscientist, 17,* 37-53.

Stalnaker, R. (1998). On the representation of context. *Journal of Logic, Language and Information, 7,* 3-19.

Strawson, P. F. (1952). *Introduction to Logical Theory*. London: Methuen.

Talbert, B. (2017). Overthinking and other minds: The analysis paralysis. *Social Epistemology, 31*(6), 545-556.

Tambini, A., Rimmele, U., Phelps, E. A., & Davachi, L. (2016). Emotional brain states carry over and enhance future memory formation. *Nature Neuroscience, 20*(2), 271.

Tesink, C. M., Petersson, K. M., Van Berkum, J. J., Van den Brink, D., Buitelaar, J. K., & Hagoort, P. (2009). Unification of speaker and meaning in language comprehension: An fMRI study. *Journal of Cognitive Neuroscience, 21*(11), 2085-2099.

Tettamanti, M., Vaghi, M. M., Bara, B. G., Cappa, S. F., Enrici, I., & Adenzato, M. (2017). Effective connectivity gateways to the Theory of Mind network in processing communicative intention. *Neuroimage, 155,* 169-176.

Thompson-Schill, S. L., D'Esposito, M., Aguirre, G. K., & Farah, M. J. (1997). Role of left inferior prefrontal cortex in retrieval of semantic knowledge: A reevaluation. *Proceedings of the National Academy of Sciences, 94*(26), 14792-14797.

Townsend, J. T., & Ashby, F. G. (1978). Methods of modeling capacity in simple processing systems. In J. Castellan, & F. Restle (Eds.), *Cognitive Theory* (Vol. 3, pp. 200-239). Hillsdale, N.J.: Erlbaum.

Uchiyama, H. T., Saito, D. N., Tanabe, H. C., Harada, T., Seki, A., & Ohno, K., et al. (2012). Distinction between the literal and intended meanings of sentences: A functional magnetic resonance imaging study of metaphor and sarcasm. *Cortex, 48*(5), 563-583.

Uchiyama, H. T., Seki, A., Kageyama, H., Saito, D. N., Koeda, T., & Ohno, K., et al. (2006). Neural substrates of sarcasm: A functional magnetic-resonance imaging study. *Brain Research, 1124*(1), 100-110.

Utz, K. S., Dimova, V., Oppenländer, K., & Kerkhoff, G. (2010). Electrified minds: Transcranial direct current stimulation (tDCS) and galvanic vestibular stimulation (GVS) as methods of non-invasive brain stimulation in neuropsychology—a review of current data and future implications. *Neuropsychologia, 48*(10), 2789-2810.

van Ackeren, M. J., Casasanto, D., Bekkering, H., Hagoort, P., & Rueschemeyer, S. A. (2012). Pragmatics in action: Indirect requests engage theory of mind areas and the cortical motor network. *Journal of Cognitive Neuroscience, 24*(11), 2237-2247.

van Ackeren, M. J., Smaragdi, A., & Rueschemeyer, S. A. (2016). Neuronal interactions between mentalising and action systems during indirect request processing. *Social Cognitive and Affective Neuroscience, 11*(9), 1402-1410.

van Berkum, J. (2009). The neuropragmatics of "simple" utterance comprehension: An ERP review. In U. Sauerland, & K. Yatsushiro (Eds.), *Semantics and Pragmatics: From Experiment to Theory* (pp. 276-316). Basingstoke: Palgrave Macmillan.

Van der Cruyssen, L., Van Duynslaeger, M., Cortoos, A., & Van Overwalle, F. (2009). ERP time course and brain areas of spontaneous and intentional goal inferences. *Social Neuroscience, 4*(2), 165-184.

van Gaal, S., Naccache, L., Meuwese, J. D., Van Loon, A. M., Leighton, A. H., Cohen, L., & Dehaene, S. (2014). Can the meaning of multiple words be integrated unconsciously? *Philosophical Transactions of the Royal Society B, 369*(1641), 20130212.

Van Overwalle, F. (2009). Social cognition and the brain: A meta-analysis. *Human Brain Mapping, 30*(3), 829-858.

Van Overwalle, F., & Baetens, K. (2009). Understanding others' actions and goals by mirror and mentalizing systems: A meta-analysis. *Neuroimage, 48*(3), 564-584.

Vigneau, M., Beaucousin, V., Hervé, P. Y., Jobard, G., Petit, L., Crivello, F., ... & Tzourio-Mazoyer, N. (2011). What is right-hemisphere contribution to phonological, lexico-semantic, and sentence processing?: Insights from a meta-analysis. *Neuroimage, 54*(1), 577-593.

Villamar, M. F., Wivatvongvana, P., Patumanond, J., Bikson, M., Truong, D. Q., Datta, A., & Fregni, F. (2013). Focal modulation of the primary motor cortex in fibromyalgia using 4 × 1-ring high-definition transcranial direct current stimulation (HD-tDCS): Immediate and delayed analgesic effects of cathodal and anodal stimulation. *The Journal of Pain, 14*(4), 371-383.

Visser, M., & Lambon Ralph, M. A. (2011). Differential contributions of bilateral ventral anterior temporal lobe and left anterior superior temporal gyrus to semantic processes. *Journal of Cognitive Neuroscience, 23*(10), 3121-3131.

Wager, T. D., Atlas, L. Y., Leotti, L. A., & Rilling, J. K. (2011). Predicting individual differences in placebo analgesia: Contributions of brain activity during anticipation and pain experience. *Journal of Neuroscience, 31*(2), 439-452.

Wager, T. D., Atlas, L. Y., Lindquist, M. A., Roy, M., Woo, C. W., & Kross, E. (2013). An fMRI-based neurologic signature of physical pain. *New England Journal of Medicine, 368*(15), 1388.

Wagner, A. D., Paré-Blagoev, E. J., Clark, J., & Poldrack, R. A. (2001). Recovering meaning: Left prefrontal cortex guides controlled semantic retrieval. *Neuron, 31*(2), 329-338.

Wakusawa, K., Sugiura, M., Sassa, Y., Jeong, H., Horie, K., & Sato, S. (2007). Comprehension of implicit meanings in social situations involving irony: A functional MRI study. *Neuroimage, 37*(4), 1417-1426.

Wang, A. T., Lee, S. S., Sigman, M., & Dapretto, M. (2006). Developmental changes in the neural basis of interpreting communicative intent. *Social Cognitive and Affective Neuroscience, 1*(2), 107-121.

Willems, R. M., Özyürek, A., & Hagoort, P. (2006). When language meets action: The neural integration of gesture and speech. *Cerebral Cortex, 17*(10), 2322-2333.

Willems, R. M., Özyürek, A., & Hagoort, P. (2008). Seeing and hearing meaning: ERP and fMRI evidence of word versus picture integration into a sentence context. *Journal of Cognitive Neuroscience, 20*(7), 1235-1249.

Woo, C. W., Chang, L. J., Lindquist, M. A., & Wager, T. D. (2017). Building better biomarkers: Brain models in translational neuroimaging. *Nature Neuroscience, 20*(3), 365.

Woo, C. W., Koban, L., Kross, E., Lindquist, M. A., Banich, M. T., & Ruzic, L. (2014). Separate neural representations for physical pain and social rejection. *Nature Communications, 5*(5380), 5380.

Xu, J., Kemeny, S., Park, G., Frattali, C., & Braun, A. (2005). Language in context: Emergent features of word, sentence, and narrative comprehension. *Neuroimage, 25*(3), 1002–1015.

Yang, X., Li, H., Lin, N., Zhang, X., Wang, Y., Zhang, Y., ... & Yang, Y. (2019). Uncovering cortical activations of discourse comprehension and their overlaps with common large-scale neural networks. *Neuroimage, 203*, 116200.

Yarkoni, T., Poldrack, R. A., Nichols, T. E., Van Essen, D. C., & Wager, T. D. (2011). Large-scale automated synthesis of human functional neuroimaging data. *Nature Methods, 8*(8), 665.

Ye, Z., & Zhou, X. (2009a). Conflict control during sentence comprehension: FMRI evidence. *Neuroimage, 48*, 280-290.

Ye, Z., & Zhou, X. (2009b). Executive control in language processing. *Neuroscience & Biobehavioral Reviews, 33*(8), 1168-1177.

Young, L., Camprodon, J. A., Hauser, M., Pascual-Leone, A., & Saxe, R. (2010). Disruption of the right temporoparietal junction with transcranial magnetic stimulation reduces the role of beliefs in moral judgments. *Proceedings of the National Academy of Sciences, 107*(15), 6753-6758.

Zahn, R., Moll, J., Krueger, F., Huey, E. D., Garrido, G., & Grafman, J. (2007). Social concepts are represented in the superior anterior temporal cortex. *Proceedings of the National Academy of Sciences, 104*(15), 6430-6435.

Zempleni, M. Z., Renken, R., Hoeks, J. C., Hoogduin, J. M., & Stowe, L. A. (2007). Semantic ambiguity processing in sentence context: Evidence from event-related fMRI. *Neuroimage, 34*(3), 1270-1279.

Zhan, J., Jiang, X., Politzer-Ahles, S., & Zhou, X. (2017). Neural correlates of fine-grained meaning distinctions: An fMRI investigation of scalar quantifiers. *Human Brain Mapping, 38*(8), 3848-3864.

Zhang, X., Zhang, Y., Zhang, Z., Yang, X., & Yang, Y. (2021). How working memory capacity modulates the time course of indirect replies comprehension: An event-related potential study. *Language, Cognition and Neuroscience, 36*(10), 1246-1257.

Zhao, M., Liu, T., Chen, G., & Chen, F. (2015). Are scalar implicatures automatically processed and different for each individual? A mismatch negativity (MMN) study. *Brain Research, 1599*, 137-149.

Zhao, M., Liu, X., Dai, X., Dong, S., & Han, Z. (2021). Scalar implicature is not a default process: An ERP study of the scalar implicature processing under the effect of focus factor. *Brain Research, 1765*, 147499.

Zhu, Z., Hagoort, P., Zhang, J. X., Feng, G., Chen, H. C., & Bastiaansen, M. (2012). The anterior left inferior frontal gyrus contributes to semantic unification. *Neuroimage, 60*(4), 2230-2237.

Zou, G. Y. (2007). Toward using confidence intervals to compare correlations. *Psychological Methods, 12*(4), 399.

何兆熊. 语用、意义和语境 [J]. 外国语（上海外国语学院学报）, 1987, （05）: 10–14.

何兆熊, 蒋艳梅. 语境的动态研究 [J]. 外国语（上海外国语大学学报）, 1997, （06）: 17–23.

何自然, 冉永平. 2002. 语用学概论（修订本）. 长沙: 湖南教育出版社.

霍超，李晚晨，陶衡恒. 大学生自闭特质的现状调查及特征分析 [J]. 社会科学前沿，2020，9（1）：13–20. https://doi.org/10.12677/ASS.2020.91003

蒋严. 论语用推理的逻辑属性——形式语用学初探 [J]. 外国语（上海外国语大学学报），2002，（03）：18–29.

蒋严，袁影. 2010. 临场概念与隐喻理解. 当代修辞学，3，1–6.

刘萌容（Meng-Jung Liu）. "自闭症光谱量表"— Autism-spectrum Quotient 中文成人版之预测效度及相关因素分析 [J]. 特殊教育研究学刊，2008，33（1）：73–92.DOI:10264485-200803-201203080019-2012 03080019-74-93.

陆俭明. 语篇、语境、语义背景和关联理论 [J]. 语言研究，2024，44（01）：1–7.

冉永平. 语用过程中的认知语境及其语用制约 [J]. 外语与外语教学，2000，（08）：28–31. DOI:10.13458/j.cnki.flatt.002045.

唐苏勤，王建平，刘君等. 大学生的强迫特征与自闭特征 [J]. 中国临床心理学杂志，2012，20（03）：353–355. DOI:10.16128/j.cnki.1005-3611.2012.03.040.

王建华. 关于语境的构成与分类 [J]. 语言文字应用，2002，（03）：2–9. DOI:10.16499/j.cnki.1003-5397.2002.03.001.

张怡，王建平，徐慰等. 中国大学生自闭特征在共情和系统化上的差异 [J]. 中国临床心理学杂志，2014，22（03）：462–465+489. DOI:10.16128/j.cnki.1005-3611.2014.03.065.

附　录

附录 A　实验一与实验二对话材料示例

编号	条件	背景介绍	对话
1	PI	出版社中，一位诗人拿着他的新诗集给编辑看。	问题：你喜欢我写的诗吗？ 回答：**我已经能背诵你写的诗了。**
	PIC		问题：你能背诵我写的诗吗？ 回答：**我已经能背诵你写的诗了。**
2	PI	自习室中，一位同学正在准备下午的考试，下面是他和朋友的对话。	问题：下午要考的东西你复习完了吗？ 回答：**下午要考的东西并不太多。**
	PIC		问题：下午要考的东西不多吗？ 回答：**下午要考的东西并不太多。**
3	PI	杂志社中，漫画家和编辑在商讨新连载的风格。	问题：我能沿用上期连载的画风吗？ 回答：**上一期连载很受欢迎。**
	PIC		问题：上一期连载受欢迎吗？ 回答：**上一期连载很受欢迎。**
4	PI	公司为新产品投放了广告，经理想了解效果。	问题：广告播出后销量上升了吗？ 回答：**广告的作用是非常强大的。**
	PIC		问题：广告的作用大吗？ 回答：**广告的作用是非常强大的。**
5	PI	工厂中，经理正在申请购买污水净化设备，下面是厂长和他的对话。	问题：必须安装工业污水净化设备吗？ 回答：**排放工业污水将面临巨额罚款。**
	PIC		问题：排放工业污水会被罚款吗？ 回答：**排放工业污水将面临巨额罚款。**

（待续）

（续表）

编号	条件	背景介绍	对话
6	PI	单位里，某员工准备将策划方案上交给领导，下面是他和同事的对话。	问题：领导会满意我的策划方案吗？ 回答：**领导对策划方案是很挑剔的。**
	PIC		问题：领导对策划方案不太挑剔吧？ 回答：**领导对策划方案是很挑剔的。**
7	PI	影视城中，一部文艺片即将拍摄完成，下面是导演和朋友的对话。	问题：我的电影会收获高票房吗？ 回答：**观众们很难真正欣赏文艺片。**
	PIC		问题：大部分观众都能看懂文艺片吗？ 回答：**观众们很难真正欣赏文艺片。**
8	PI	新片发布会上，导演正在接受记者的采访。	问题：影评人给出的评分高吗？ 回答：**影评人的观点不是最重要的。**
	PIC		问题：影评人的观点是最重要的吗？ 回答：**影评人的观点不是最重要的。**
9	PI	音像店中，弟弟想要买一张古典乐唱片送给父亲，下面是他和姐姐的对话。	问题：买这张古典乐唱片可以吗？ 回答：**爸爸比较喜欢听民族音乐。**
	PIC		问题：爸爸喜欢听古典乐吗？ 回答：**爸爸比较喜欢听民族音乐。**
10	PI	电视节目中，想投资黄花梨的观众正在向专家咨询。	问题：投资黄花梨风险很大吗？ 回答：**真假黄花梨是很难区分的。**
	PIC		问题：真假黄花梨很难区分吗？ 回答：**真假黄花梨是很难区分的。**

编号	条件	背景介绍	对话
1	GI	商场里，一位顾客正在购买春装，以下是他与导购的对话。	问题：这里的衣服全都是纯棉的吗？ 回答：**这里的衣服有些是纯棉的。**
	GIC		问题：这里的衣服全都是纯棉的吗？ 回答：**这里的衣服不全是纯棉的。**
2	GI	某公司的决策部中，两名员工正在讨论新型的扫地机器人的市场定价。	问题：所有消费者都能接受这个定价吗？ 回答：**这个定价有些消费者能接受。**
	GIC		问题：所有消费者都能接受这个定价吗？ 回答：**这个定价不是所有消费者都能接受。**

（待续）

（续表）

编号	条件	背景介绍	对话
3	GI	会议室中，IT公司高层正在讨论开展电商业务的事。	问题：人们全部都习惯使用电商吗？ 回答：**人们大都习惯使用电商了。**
	GIC		问题：人们全部都习惯使用电商吗？ 回答：**人们不都习惯使用电商了。**
4	GI	办公室中，销售经理在统计医疗用品的销量，下面是他和员工的对话。	问题：医疗用品的销量总是波动吗？ 回答：**医疗用品的销量有时变动。**
	GIC		问题：医疗用品的销量总是波动吗？ 回答：**医疗用品的销量不经常变动。**
5	GI	剧场后台，一位配角完成了演出正在卸妆，下面是他和导演的对话。	问题：每个人都喜欢我的表演吗？ 回答：**有的观众欣赏你的表演。**
	GIC		问题：每个人都喜欢我的表演吗？ 回答：**不是所有观众欣赏你的表演。**
6	GI	剧院内，经理正在为演出开场进行准备，下面是他和秘书的对话。	问题：演出票全都卖出去了吗？ 回答：**演出票大都卖出去了。**
	GIC		问题：演出票全都卖出去了吗？ 回答：**演出票没有都卖出去。**
7	GI	学校办公室中，母亲想要了解孩子的数学成绩，下面是她和数学老师的对话。	问题：他总是积极回答问题吗？ 回答：**他有时主动回答问题。**
	GIC		问题：他总是积极回答问题吗？ 回答：**他不总是主动回答问题。**
8	GI	杂志社，主编想要了解一位明星的人气，下面是他和娱乐记者的对话。	问题：他成功成长为演技派明星了吗？ 回答：**他正努力成为演技派明星。**
	GIC		问题：他成功成长为演技派明星了吗？ 回答：**他尚未成为演技派明星。**
9	GI	办公室里，两名学生在讨论近期期刊上发表的研究。	问题：你看完期刊上的这篇文章了吗？ 回答：**我正打算看这篇文章。**
	GIC		问题：你看完期刊上的这篇文章了吗？ 回答：**我还没看完这篇文章。**

（待续）

（续表）

编号	条件	背景介绍	对话
10	GI	气象站中，工作人员正在询问记录数据的科学家。	问题：四十八小时内一定会有降雨吗？ 回答：**四十八小时内有可能会有降雨。**
	GIC		问题：四十八小时内一定会有降雨吗？ 回答：**四十八小时内不一定会有降雨。**

附录 B 实验三和实验四对话材料示例

编号	条件	背景介绍	对话
1	DR	期末到了，一门通选课的考试形式是写论文，以下是两名同学的对话。	问题：写一篇好的论文容易吗？ 回答：**写一篇好的论文很难。**
	RR	期末到了，一门通选课的考试形式是写论文，以下是两名同学的对话。	问题：我这篇论文写得好吗？ 回答：**写一篇好的论文很难。**
	IRC	期末到了，一门通选课的考试形式是写论文，以下是两名同学的对话。	问题：你觉得我能拿高分吗？ 回答：**写一篇好的论文很难。**
	IRNC	期末到了，一门通选课即将结课，以下是两名同学的对话。	问题：你觉得我能拿高分吗？ 回答：**写一篇好的论文很难。**
2	DR	影视城中，一部文艺片即将拍摄完成，下面是导演和朋友的对话。	问题：大部分观众都能看懂文艺片吗？ 回答：**大部分观众看不懂文艺片。**
	RR	影视城中，一部文艺片即将拍摄完成，下面是导演和朋友的对话。	问题：我拍的文艺片观众会喜欢吗？ 回答：**大部分观众看不懂文艺片。**
	IRC	影视城中，一部文艺片即将拍摄完成，下面是导演和朋友的对话。	问题：我的新片会收获高票房吗？ 回答：**大部分观众看不懂文艺片。**
	IRNC	影视城中，一部新片即将拍摄完成，下面是导演和朋友的对话。	问题：我的新片会收获高票房吗？ 回答：**大部分观众看不懂文艺片。**

（待续）

（续表）

编号	条件	背景介绍	对话
3	DR	单位里，某员工准备将策划方案上交给领导，下面是他和同事的对话。	问题：领导对策划方案不太挑剔吧？ 回答：**领导对策划方案是很挑剔的。**
	RR	单位里，某员工准备将策划方案上交给领导，下面是他和同事的对话。	问题：领导会满意我的策划方案吗？ 回答：**领导对策划方案是很挑剔的。**
	IRC	单位里，某员工准备将策划方案上交给领导，下面是他和同事的对话。	问题：我的方案能通过吗？ 回答：**领导对策划方案是很挑剔的。**
	IRNC	单位里，某员工准备上交策划方案，下面是他和同事的对话。	问题：我的方案能通过吗？ 回答：**领导对策划方案是很挑剔的。**
4	DR	交易所中，一名白领正在进行股票交易，下面是朋友和他的对话。	问题：散户容易从股市中获利吗？ 回答：**散户是很难从股市中获利的。**
	RR	交易所中，一名白领正在进行股票交易，下面是朋友和他的对话。	问题：你最近炒股收益好吗？ 回答：**散户是很难从股市中获利的。**
	IRC	交易所中，一名白领正在进行股票交易，下面是朋友和他的对话。	问题：你的投资有回报吗？ 回答：**散户是很难从股市中获利的。**
	IRNC	交易所中，一名白领正在办理业务，下面是朋友和他的对话。	问题：你的投资有回报吗？ 回答：**散户是很难从股市中获利的。**

（待续）

（续表）

编号	条件	背景介绍	对话
5	DR	寝室里，一位同学把借来的书还给朋友。	问题：你读了这本书吗？ 回答：**这本书我读了好几遍。**
	RR	寝室里，一位同学把借来的书还给朋友。	问题：你喜欢我推荐的这本书吗？ 回答：**这本书我读了好几遍。**
	IRC	寝室里，一位同学把借来的书还给朋友。	问题：我的推荐合你胃口吗？ 回答：**这本书我读了好几遍。**
	IRNC	寝室里，一位同学把借来的东西还给朋友。	问题：我的推荐合你胃口吗？ 回答：**这本书我读了好几遍。**
6	DR	聚会上，一名年轻人说自己购买了结婚用的新房，下面是朋友和他的对话。	问题：筹备典礼很快吗？ 回答：**筹备典礼是需要很长时间的。**
	RR	聚会上，一名年轻人说自己购买了结婚用的新房，下面是朋友和他的对话。	问题：你今年会办结婚典礼吗？ 回答：**筹备典礼是需要很长时间的。**
	IRC	聚会上，一名年轻人说自己购买了结婚用的新房，下面是朋友和他的对话。	问题：你今年会结婚吗？ 回答：**筹备典礼是需要很长时间的。**
	IRNC	聚会上，一名年轻人说自己购买了新房，下面是朋友和他的对话。	问题：你今年会结婚吗？ 回答：**筹备典礼是需要很长时间的。**
7	DR	会客室中，某创业公司准备组建游戏制作团队，下面是公司代表和投资方的对话。	问题：最近游戏行业势头好吗？ 回答：**最近游戏行业势头不错。**
	RR	会客室中，某创业公司准备组建游戏制作团队，下面是公司代表和投资方的对话。	问题：我们的游戏团队会盈利吗？ 回答：**最近游戏行业势头不错。**

（待续）

编号	条件	背景介绍	对话
7	IRC	会客室中，某创业公司准备组建游戏制作团队，下面是公司代表和投资方的对话。	问题：您会投资我们团队吗？ 回答：**最近游戏行业势头不错。**
	IRNC	会客室中，某创业公司准备组建团队开发新项目，下面是公司代表和投资方的对话。	问题：您会投资我们团队吗？ 回答：**最近游戏行业势头不错。**
8	DR	警局中，两名警察正在讨论嫌疑人的不在场证明。	问题：案发时有人和他在一起吗？ 回答：**当时有很多人和他在一起。**
	RR	警局中，两名警察正在讨论嫌疑人的不在场证明。	问题：他的不在场证明成立吗？ 回答：**当时有很多人和他在一起。**
	IRC	警局中，两名警察正在讨论嫌疑人的不在场证明。	问题：能排除他的嫌疑吗？ 回答：**当时有很多人和他在一起。**
	IRNC	警局中，两名警察正在讨论案情。	问题：能排除他的嫌疑吗？ 回答：**当时有很多人和他在一起。**
9	DR	海选现场，一名唱美声的参选者走出演播室，下面是他和朋友的对话。	问题：欣赏美声唱法的人在增多吗？ 回答：**欣赏美声唱法的人越来越多了。**
	RR	海选现场，一名唱美声的参选者走出演播室，下面是他和朋友的对话。	问题：观众们喜欢我的美声唱法吗？ 回答：**欣赏美声唱法的人越来越多了。**
	IRC	海选现场，一名唱美声的参选者走出演播室，下面是他和朋友的对话。	问题：观众们会给我投票吗？ 回答：**欣赏美声唱法的人越来越多了。**
	IRNC	海选现场，一名参选者走出演播室，下面是他和朋友的对话。	问题：观众们会给我投票吗？ 回答：**欣赏美声唱法的人越来越多了。**

（待续）

（续表）

编号	条件	背景介绍	对话
10	DR	办公室中，销售经理在统计医疗用品的销量，下面是他和员工的对话。	问题：医疗用品的销路稳定吗？ 回答：**医疗用品的销路是很稳定的。**
	RR	办公室中，销售经理在统计医疗用品的销量，下面是他和员工的对话。	问题：医疗用品的销售业绩能保持吗？ 回答：**医疗用品的销路是很稳定的。**
	IRC	办公室中，销售经理在统计医疗用品的销量，下面是他和员工的对话。	问题：你本月的业绩好吗？ 回答：**医疗用品的销路是很稳定的。**
	IRNC	办公室中，销售经理在统计本月收益，下面是他和员工的对话。	问题：你本月的业绩好吗？ 回答：**医疗用品的销路是很稳定的。**

附录 C　中文版心理理论任务实验材料

错误信念条件（BELIEF，描述错误信念的故事）：

1. 故事：因为觉得比赛会因为下雨推迟，林霞一家坐地铁回家了。比分僵持在 3–3。在他们回家的路上雨停了，比赛很快结束，比分定格在 5–3。

   陈述：林霞一家到家的时候认为比分是 5–3。

2. 故事：高中舞会那天早上，刘芳把她的高跟鞋放在裙子下面就去购物了。那天下午，刘芳的姐姐借了那双鞋之后，把鞋放在了床底下。

   陈述：刘芳认为她的鞋子在裙子底下。

3. 故事：王莉离开赵刚的时候，他正在沙滩上熟睡。几分钟之后，一阵海浪吵醒了他。看到王莉已经走了，赵刚决定去游泳。

   陈述：王莉现在认为赵刚正在睡觉。

4. 故事：孙明告诉王梅，他把他的钥匙丢了。两个人找遍房间也没找到。然后，王梅出去看看车里有没有。孙明突然发现他的钥匙在沙发后面。

   陈述：王梅进来的时候，孙明不知道他的钥匙在哪里。

5. 故事：苏珊把她的跑车停在了车道上。半夜，李杰把苏珊的车挪到了车库以便停下自己的小型货车。苏珊第二天一早醒了。

   陈述：苏珊在车道上看到小型货车。

6. 故事：一位窗户清洁工被经理要求把整栋大楼擦干净。他完成了右半部分，在他擦左边之前，他的工作平台出现故障。第二天早上，经理和外籍投资人到达了大楼。

   陈述：经理来上班之后发现所有的墙都被清洁干净。

7. 故事：徐梦和杨斌提前预定了乡村小木屋。但管理员忘记写下这个预约，另外两位远足者率先到达了小木屋。

   陈述：远足者到达的时候，他们看到他们的小木屋里没有人。

8. 故事：张帆为他周五截止的论文选了一个辩论的话题。周四的新闻提到那个辩论已被解决，但张帆没看到那则新闻。

陈述：当张帆写论文的时候，他认为这个辩论已被解决了。

9. 故事：黄雯在去露营之前没时间给她的马梳理毛发。她在营地的时候，韩俊替她给马刷洗梳毛。

陈述：黄雯回去的时候认为她的马还没有梳理毛发。

10. 故事：艾米今天走路去上班。乔洋醒来的时候，看见她的车在车道上。她的房间很安静很暗。乔洋知道艾米不舒服的时候，她爱在黑暗的房间躺着。

陈述：事实上艾米是走路去上班了。

图片条件（PHOTO，描述过去时代图像的故事）：

1. 故事：九十年代早期的小说和其他文字记载了这个国家繁荣的经济。不久之后，一场瘟疫席卷了整个国家并导致了经济大萧条。

陈述：九十年代早期的小说写道这个国家经济繁荣。

2. 故事：萨金特在 1885 年画了著名的河流南岸。1910 年，一个大水坝建成，水位淹没了整个河床，古老的森林因此消失。现在，整片区域都在水下。

陈述：在画中，河流的南岸是树林。

3. 故事：在年轻男人的肖像画被画下来的时候，他有着棕色的短发，脸上没有胡须。现在，这个男人的头发和胡须很长并且是灰色的。

陈述：现在这个男人的头发很长。

4. 故事：一本传记描述了这个房间在 1965 年的样子。最初墙壁上贴了暗色的墙纸。到了 1965 年，墙纸被撕下换上了奶油色的喷漆。

陈述：传记说这个房间很亮。

5. 故事：女孩的中学照片显示她穿着一件白色的衬衫。之后，白衬衫不小心被和红袜子一起洗了，变成了粉色。

陈述：现在，衬衫的颜色是白色的。

6. 故事：很久以前，一位探险者发现了一座小岛并记载在地图上。之后，水位不断上涨，现在只有很小一部分还残存在水面之上。

陈述：那位探险者的地图显示，这个岛大部分已经被淹没了。

7. 故事：给这个房子拍下照片的时候，它只有一层楼高。那之后，维修人员又加盖了一层楼和一个车库。

   陈述：这个房子目前只有一层。

8. 故事：三个月前，一个加勒比小岛上的一座火山喷发了。现在岛上只剩贫瘠的熔岩石。卫星照片显示了火山喷发之前小岛的样子。

   陈述：如今，这个岛被熔岩石覆盖。

9. 故事：在政府大楼被建成的时候就有一棵大栎树在大楼前面。去年，那棵树倒了，取而代之的是一个石头做的喷水池。

   陈述：一张很久以前给政府大楼画的画里，大楼前面是一个喷水池。

10. 故事：太阳岛周边岛屿的旧地图在海洋博物馆展出。后来，由于海水的腐蚀，只有三座最大的岛屿留了下来。

    陈述：如今太阳岛周边有很多岛屿。